Alfons Deissler

Die Grundbotschaft des Alten Testaments

theologisches seminar

Alfons Deissler

Die Grundbotschaft des Alten Testaments

Ein theologischer Durchblick

Achte Auflage

Herder
Freiburg · Basel · Wien

MEINEN FREUNDEN

Alle Rechte vorbehalten – Printed in Germany
© Verlag Herder Freiburg im Breisgau 1972
Imprimatur. – Freiburg im Breisgau, den 31. Januar 1972
Der Generalvikar: Dr. Schlund
Herstellung: Freiburger Graphische Betriebe 1981
ISBN 3-451-16425-6

Vorwort

Im „Handbuch der Verkündigung" [1] versuchte ich, „die Grundbotschaft des Alten Testamentes" in gebotener Straffung darzustellen. Dieser Versuch ist hier unter Zugrundelegung des dort Erarbeiteten neu in Angriff genommen und breiter angelegt worden. Damit wird das Terrain der vielumstrittenen „Theologie des AT" betreten, ja es wird ein Gang durch seine „Mitte" gewagt, um das „Wort in den Worten" zu hören und zu Gehör zu bringen [2]. Dabei pflichtet der Verfasser der hier einschlägigen These Zimmerlis über das AT grundsätzlich zu: „Es will auf der ganzen Linie Zeugnis geben von dem Handeln Jahwes mit Israel und der Welt." [3] Daß dies „auf vielerlei Weise" (Hebr 1, 1) geschieht, ist für den Kenner des AT evident. Dem trägt G. v. Rad in seiner bekannten „Theologie des AT" so stark Rechnung, daß er dabei zum Mittel einer je separaten Darstellung der verschiedenen „Theologien" der alttestamentlichen Überlieferungsstränge und ihrer Exponenten greift. So notwendig und geradezu fällig dieser meisterlich geglückte Versuch war und bleibt, kann man am Ende doch nicht einer – die Sonderheit der „Theologien" im AT zugleich belassenden wie überschreitenden – Zusammenschau entraten. Das

[1] *B. Dreher - N. Greinacher - F. Klostermann* (Hrsg.), Handbuch der Verkündigung I (Freiburg i. Br. 1970) 154–183.
[2] *W. Zimmerli* in: Vetus Testamentum 13 (1963) 109. – Eine neueste kritische Übersicht über die damit verbundene Problematik bietet *R. Smend,* Die Mitte des Alten Testaments (Theologische Studien 101) (Zürich 1970).
[3] Ebd. 105. Einen verwandten Standpunkt bezieht *E. Jacob* in seinen „Grundfragen alttestamentlicher Theologie" (Franz-Delitzsch-Vorlesungen 1965) (Stuttgart 1969) in der Vorlesung II: Die Gottesfrage als Grundproblem der alttestamentlichen Theologie (S. 18–31).

AT selbst ermächtigt dazu. Eine thematische Systematisierung kann auch hier nicht im strengen Sinne geschehen, sondern die einzelnen Zeugenkreise und ihre Geschichte sollen soweit als möglich mit eigener Stimme zu Wort kommen, wenn sie nach der sie zum Alten Testament als Ganzheit versammelnden „Mitte" befragt werden. Diese Frage stellt nicht nur der Theologe, für den die Bibel die fundamentale „Glaubensregel" ist, sondern auch der auf Information bedachte Mensch von heute, der seine Orientierung gern anhand von „Thesen" sucht.

Freiburg, im Februar 1972   *Alfons Deissler*

Vorwort zur 3. Auflage

Die 1. und 2. Auflage war relativ rasch vergriffen. Auch in jenen Rezensionen, welche sich bei der Beurteilung an den Titel mit seinem eingeschränkten Erwartungshorizont hielten, hat das Buch eine gute Aufnahme gefunden. Der Verfasser fühlt sich in seiner Linie und seinem Grundanliegen auch durch den im Herbst 1972 erschienenen „Grundriß der alttestamentlichen Theologie" von W. Zimmerli (= Theol. Wissensch. Bd. 3) bestätigt, dessen weiterführende und vertiefende Lektüre den Lesern dieses Buches angelegentlich empfohlen wird. Wem die ersten Kapitel (vorab „Die Botschaft vom unwelthaften Gott") als zu abstrakt oder gar zu metaphysisch vorkommen, möge bedenken, daß zumindest der Jahwegemeinde des letzten halben Jahrtausends v. Chr. diese Züge der Gottesbotschaft fest und klar und gesammelt ins Gedächtnis geschrieben waren. Ohne diese „Folie", die auch von großer fundamentaltheologischer Bedeutung ist, kann die zentrale Verkündigung vom „Gott für Welt und Mensch" nicht in das ihr gebührende Profil treten.

Die 3. Auflage weist gegenüber den ersten beiden Auflagen nur einige Korrekturen und eine Literaturergänzung auf.

Freiburg, im Juni 1973   *Der Verfasser*

Vorwort zur 8. Auflage

Die 7. Auflage war so rasch vergriffen, daß wiederum eine beabsichtigte Überarbeitung des Buches entfallen mußte. Doch ist dieses Manko gut vertretbar. Der gewählte Großraster („Grundbotschaft") hat ja den Vorteil, daß er durch die Forschung eines Jahrzehnts (1. Auflage 1972!) in wesentlichen Punkten kaum außer Kraft gesetzt werden kann. Zudem ist die weiterführende und zur Vertiefung empfohlene Literatur (in Auswahl) bis 1980 ergänzt worden.

Freiburg, im April 1981   *Alfons Deissler*

Inhalt

A. Einführung

I. Das Alte Testament und die „Neue Zeit"

„Neu", „heutig" und „modern" sind in unserer Epoche zu beherrschenden, fast magisch aufgeladenen Leitwörtern geworden, mit denen man sich in allen Sektoren menschlichen Seins vom „Gestrigen" als dem „Abgetanen" abzusetzen pflegt. Als „Fortschritt" gilt – oft ohne nähere Prüfung –, was „Wegschritt" vom Vergangenen ist, als ob es neben guten Wegen nicht auch Abwege geben könnte. Einer der Hauptgründe für dieses Phänomen ist die immer stärkere Prägung unserer Zeit und unserer Welt durch die Entwicklung der Naturwissenschaften und der durch sie ermöglichten und inspirierten technischen Überwältigung der Welt durch den Menschen. Hier wird beständig das „Gestrige" überholt und überboten vom „Heutigen". Diese Erfahrung verdichtet sich im menschlichen Bewußtsein weithin zur Überzeugung, das Ganze des Daseins unterliege ausnahmslos diesem Gesetz der dauernden Ablösung und des endgültigen Versinkens in eine bestenfalls museale Schattenexistenz. Wiewohl jedermann aufgrund dieser Erfahrung von der „Geschichtlichkeit" des Menschen spricht, interessiert eine wachsende Zahl „moderner Menschen" gleichzeitig die Geschichte selbst nicht mehr. Sie werden zwar hie und da mit der menschlichen Katastrophe eines plötzlichen Gedächtnisausfalls eines einzelnen konfrontiert oder erfahren davon, aber sehen merkwürdigerweise zugleich einen kollektiven Gedächtnisschwund als quantité négligeable, wenn nicht gar als Vorteil für die Gestaltung der Zukunft an. Weitsichtige Geister allerdings erkennen die letale Fatalität einer solchen Entwicklung für die Menschheit. Karl Jaspers z. B. schrieb in sein geistiges Vermächtnis: ,,Heute ist eine große Sorge: Es geht durch die Welt ein schreckliches Vergessen.'' [1]

In einer solchen Atmosphäre hat es ein Buch besonders schwer, das schon in seinem Titel als ,,alt'' etikettiert ist wie das ,,Alte Testament''. Mit dieser nicht so glücklichen Bezeichnung, die an 1 Kor 3, 14 (,,Verlesung des Alten Bundes'') anknüpft, haben die Christen dem Gottesbuche Israels eine in unserer Zeit besonders drückende Hypothek auferlegt, die schwer ablösbar erscheint. Und dennoch ist das Erstaunliche geschehen: dieses totgeglaubte Buch erwachte immer wieder zu neuem Leben, und dies gerade auch bei solchen Männern, die man zu den ,,Vätern der Moderne'' zählen muß. Friedrich Nietzsche z. B. scheut sich nicht vor dem Bekenntnis: ,,Alle Achtung vor dem Alten Testament! In ihm finde ich große Menschen, eine heroische Landschaft und etwas vom Allerseltensten auf Erden, die unvergleichliche Naivität des starken Herzens; mehr noch, ich finde ein Volk.'' [2] An anderer Stelle charakterisiert er das Gottesbuch Israels so: ,,Im jüdischen Alten Testamente, dem Buch von der göttlichen Gerechtigkeit, gibt es Menschen, Dinge und Reden von einem so großen Stil, daß das griechische und indische Schrifttum ihm nichts zur Seite zu stellen hat. Man steht mit Schrecken und Ehrfurcht vor diesen ungeheuren Überbleibseln dessen, was der Mensch einstmals war, und wird dabei über das alte Asien und sein vorgeschobenes Halbinselchen Europa, das durchaus gegen Asien ‚den Fortschritt des Menschen' bedeuten möchte, seine traurigen Gedanken haben. Der Geschmack am Alten Testamente ist ein Prüfstein in Hinsicht auf groß und klein.'' [3]

Letzteres Wort Nietzsches darf in mancher Hinsicht geradezu als ,,prophetisch'' angesehen werden, freilich anders, als er es mit seiner Parole ,,Gott ist tot'' erwartet haben mochte. Mit Franz Ro-

---

[1] *K. Jaspers,* Rechenschaft und Ausblick (München 1958) 261.
[2] *Fr. Nietzsche,* Zur Genealogie der Moral III, 16 (Leipzig 1930) II, 149.
[3] *Fr. Nietzsche,* Jenseits von Gut und Böse, Ausg. Kröner (München 1921) 7, 77.

senzweig (1886–1929), der ursprünglich vom Studium der Medizin und Naturwissenschaften herkam, und mit Martin Buber (1878–1965), welcher zunächst die Diltheysche Lebensphilosophie als Ausgangspunkt seines Denkens wählte, brachten sich noch während der Zeit des ersten Weltkrieges und erst recht später zwei einflußreiche Denker zu Gehör, die auf der Höhe ihres Schaffens sich von ihrer jüdischen Bibel inspirieren ließen und gerade auch deren religiöse Substanz in ihr „Dialogisches Denken" einbrachten[3a]. Sie selbst standen dabei als „Moderne" in einem beständigen und fruchtbaren Dialog mit den unsere Zeit bestimmenden Geistesströmungen.

Die heutige Epoche ist in besonderer Weise gekennzeichnet durch eine vom „Religiösen" sich wegbewegende Umakzentuierung des menschlichen Bewußtseins: Welt und Mensch werden immer stärker seine Mitte und sein Maß. Die „Gott ist tot"-Theologie ist ein korrespondierendes Phänomen dafür. Dem AT ist, so verwunderlich das auf den ersten Blick erscheinen mag, solch eine Perspektive nicht schlechthin fremd. Es hat selbst die „Gottesbilder" aller Umweltreligionen in die Krisis gestellt mit der Verkündigung: „Gott ist der ganz Andere!" So wurden Kosmos und Erde entgöttert und dem Walten des Menschen überstellt (vgl. Gn 1, 26.28). Erst dadurch wurde die grundsätzliche Möglichkeit eröffnet, sich „die Erde so untertan zu machen", wie dies in den Naturwissenschaften und der auf ihnen basierenden Technik geschieht. Zugleich hat das AT aber im Menschen dem Menschen eine Grenze seiner Verfügungsgewalt gesetzt und damit im Menschsein des Menschen ein Maß für sein Walten aufgestellt. Im AT werden so die Menschenrechte zum „Gottesrecht", erhalten also eine letzte unerschütterliche Begründung. Dieses biblische Eintreten

[3a] Ihre Bedeutung kann am besten aus dem Werk von *Bernhard Casper,* Das Dialogische Denken, Eine Untersuchung der religionsphilosophischen Bedeutung Franz Rosenzweigs, Ferdinand Ebners und Martin Bubers (Herder 1967) 393 S., ersehen werden. Besonders instruktiv sind die zusammenfassenden Abschnitte: 1. Die geschichtlich philosophische und theologische Bedeutung des dialogischen Denkens (349–361), 2. Die religionsphilosophische und theologische Bedeutung des dialogischen Denkens (362–379).

für den Menschen als Menschen wurde von der neueren, von Karl Marx ausgehenden und die Moderne bereits stark beeinflussenden Geistesbewegung wieder entdeckt. Manche der heutigen marxistischen Denker, voran Ernst Bloch, stehen dabei in einem sehr lebendigen Dialog mit dem AT. Der Satz: „Urkommunistische Erinnerung lebte erweisbar in dem Herrenhaß der israelitischen Propheten von Amos bis Johannes dem Täufer . . ."[4] formuliert zwar einseitig und parteiisch die Botschaft der Propheten Israels, aber das hiermit angesprochene Thema von der zwischenmenschlichen Gerechtigkeit ist ein zentrales prophetisches Anliegen und als solches stets aktuell. Blochs Werk: „Atheismus im Christentum"[5] trägt den Untertitel „Zur Religion des Exodus und des Reichs" und zeigt damit schon an, daß es in einer engagierten Auseinandersetzung mit dem „Heiligen Buch" des Exodus-Volkes entstanden ist[6]. Ähnliches gilt von dem bis jetzt einflußreichsten Werk E. Blochs: „Das Prinzip Hoffnung"[7]. Hierin wird neben der sozialen Dimension der alttestamentlichen Texte vorab die Zukunftsorientierung des altbundlichen Gottesglaubens aufgegriffen, am symptomatischsten wohl in der meisterlichen Interpretation des Gottesnamens Jahwe (vgl. 2 Mos 3, 14)[8].

Diese wenigen, aber wesentlichen Hinweise müssen genügen, um apriori ahnen zu lassen, daß im „Alten Testamente" ein nicht nur religiös, sondern auch geistes-, ja „menschengeschichtlich" je und je zukunftsträchtiges Vermächtnis alle Gezeiten und Generationen anspricht.

[4] Gesamtausgabe Bd. 11 (Frankfurt a. M. 1970) 250 (Abschnitt: „Rettung der Moral"). Objektiver spricht Bloch in „Das Prinzip Hoffnung" (Bd. 2, S. 576) vom Werk der Propheten so: „Mitten in dieser Ausbeutung und gegen sie donnernd traten die Propheten auf, entwarfen das Gericht, im gleichen Zug die ältesten Grundrisse von Sozialutopie."

[5] Gesamtausgabe Bd. 14 (Frankfurt a. M. 1968).

[6] Ein bloßer Blick in das Personenregister mit den Namen der großen „Gottesmänner" Israels läßt dies schon rein äußerlich erkennen.

[7] Gesamtausgabe Bd. 5 (Frankfurt a. M. 1968) und seine wissenschaftliche Sonderausgabe in 3 Bänden (Frankfurt a. M. 1969).

[8] Im Abschnitt „Moses oder das Bewußtsein der Utopie in der Religion, der Religion in der Utopie", Sonderausgabe Bd. 3 (Frankfurt a. M. 1970) 1456–1464.

II. Das Alte Testament und das neubundliche Gottesvolk

Das gesamtchristliche Bewußtsein, ja die christliche Theologie setzen im Durchschnitt das Neue Testament stark vom AT ab, weil hier das Verhältnis einer überholenden und überbietenden Erfüllung des AT durch das NT vorwalte. Noch der neue „Holländische Katechismus" gibt dem so Ausdruck: „Was im Alten Testament auf niedriger Stufe und in grober Weise nach oben strebt, wird im Neuen geistlich und klar." [9] Dieses global-klobige Urteil hat seine lange Geschichte. Bis ins 12. Jahrhundert hinein war der Schwerpunkt der Theologie in der Kommentierung der gesamten Schrift, also auch des AT, gelegen, wobei die Kommentare der Kirchenväter „federführend" waren. Als mit Petrus Lombardus († 1160) die systematische Zusammenstellung der christlichen Glaubenswahrheiten in den Mittelpunkt aller theologischen Bemühung rückte, verlor das AT immer mehr an Gewicht. Thomas v. Aquin hat zwar der biblischen Exegese im allgemeinen einen großen Dienst erwiesen, weil er den Literalsinn der Texte als wichtigste Basis für die theologischen Thesen bezeichnete [10], aber er besiegelte zugleich den bereits vorhandenen Trend, das AT als „Altes Gesetz" im moraltheologischen Traktat über die Gesetze unterzubringen [11]. Noch die neuscholastischen Lehrbücher der Dogmatik des 19. und beginnenden 20. Jahrhunderts reduzieren wie die entsprechenden Katechismen das AT praktisch auf Gn 3, um in der Behandlung der Ur- und Erbsünde die Notwendigkeit der Inkarnation und des Sühnetodes Jesu Christi zu erweisen. Die Heilsgeschichte des Alten Bundes hat in einem solchen System keinen zureichenden Platz mehr. Es interessieren höchstens noch die im Vergleich zur Textmasse des AT ziemlich spärlichen „messianischen Weissagungen", die man gewöhnlich in recht freizügiger Weise christologisch und soteriologisch auslegt.

---

[9] Glaubensverkündigung für Erwachsene (Freiburg i. Br. 1969) 71.
[10] Zum Beispiel in S. th. I^a, q. 1, a. 10.
[11] Thomas v. Aquin, S. th. I^a II^{ae} 9, 90–108.

In der Theorie freilich hat die Kirche nie davon gelassen, das AT als inspiriertes Offenbarungsbuch Gottes zu deklarieren. Schon im 2. Jahrhundert wehrte sie sich energisch gegen die Abwertung des AT durch die gnostischen Strömungen; insbesondere verwarf sie die These des einflußreichen Irrlehrers Marcion († 160), der Pauli Ablehnung des Gesetzes mit Leidenschaft auf das ganze AT ausdehnte. Das „Enchiridion biblicum"[12] stellt eine imponierende Reihe von päpstlichen und konziliaren Verlautbarungen bereits aus dem 1. Jahrtausend zusammen, welche das AT als verbindliches Offenbarungsbuch bestätigen. Das Konzil von Trient unterstreicht in seiner Stellungnahme zum Kanon der biblischen Bücher, daß Gott der eine „auctor" beider Testamente ist (DS 1333 und 1501), und auch das erste Vaticanum schließt sich dem ohne Vorbehalte an (vgl. DS 3006). Das Vaticanum II kommt ausführlicher auf das AT zu sprechen und erklärt im 4. Kap. der Dogmatischen Konstitution über die göttliche Offenbarung „Dei Verbum" u. a.: „Der liebende Gott, der um das Heil des ganzen Menschengeschlechtes besorgt war, bereitete es vor, indem er sich nach seinem besonderen Plan ein Volk erwählte, um ihm Verheißungen anzuvertrauen. Er schloß mit Abraham (vgl. Gn 15, 8) und durch Moses mit dem Volke Israel (vgl. Ex 24, 8) einen Bund. Dann hat er sich dem Volk, das er sich erworben hatte, durch Wort und Tat als einzigen, wahren und lebendigen Gott so geoffenbart, daß Israel Gottes Wege mit den Menschen an sich erfuhr, daß es sie durch Gottes Wort aus der Propheten Mund allmählich voller und klarer erkannte und sie unter den Völkern mehr und mehr sichtbar machte (vgl. Ps 21, 28–29; 95, 1–3; Is 2, 1–4; Jr 3, 17). Die Geschichte des Heils liegt, von heiligen Verfassern vorausverkündet, berichtet und gedeutet, als wahres Wort Gottes vor in den Büchern des Alten Bundes; darum behalten diese von Gott eingegebenen Schriften ihren unvergänglichen Wert: ,Alles nämlich, was geschrieben steht, ist zu unserer Unterweisung geschrieben, damit wir durch die

---

[12] Vgl. die Editio quarta (Rom 1961).

Geduld und den Trost der Schriften Hoffnung haben'" (Röm 15, 4)[13].

Wer heute immer noch abwertend von den „alten jüdischen Geschichten" zu sprechen wagt, nachdem neuerdings die alttestamentlichen Lesungen, in Konsequenz zur „Theorie" vom AT als „heiliger Schrift", in der Liturgie wieder ihren verdienten Platz finden, gerät unversehens in die Nähe der rassistischen Polemik des Nationalsozialismus gegen das Alte Testament. Er verrät zugleich einen folgenschweren Informationsmangel. Für Jesus, der bekanntlich nichts Geschriebenes hinterlassen hat, war das Gottesbuch Israels wie selbstverständlich das „Wort seines Vaters". Das Neue Testament ist erst allmählich zum Alten Testament, das auch für die junge Kirche „die heilige Schrift" war (vgl. 2 Tim 3, 15) hinzugetreten und wurde erst im Laufe des 2. Jahrhunderts als „ebenbürtig" in der Gesamtkirche anerkannt. Der Hinweis, daß man das AT in ihr „mit neuen Augen las", kann die Tatsache nicht entkräften, daß die Kirche von Anfang an in ihm die Stimme ihres Gottes hörte. Und dies gilt prinzipiell bis heute. Darum erklärt das Vaticanum II: „Obgleich diese Bücher auch Unvollkommenes und Zeitbedingtes enthalten, zeigen sie doch eine wahre göttliche Erziehungskunst. Ein lebendiger Sinn für Gott drückt sich in ihnen aus. Hohe Lehren über Gott, heilbringende menschliche Lebensweisheit, wunderbare Gebetsschätze sind in ihnen aufbewahrt. Schließlich ist das Geheimnis unseres Heiles in ihnen verborgen. Deshalb sollen diese Bücher von denen, die an Christus glauben, voll Ehrfurcht angenommen werden."[14]

Wer eine gute Ausgabe des Neuen Testamentes auch nur durchblättert, erkennt auf jeder Seite, daß das AT häufig direkt oder in Anspielungen zitiert wird. Daraus schon ergibt sich die Einsicht, daß man das Neue Testament nicht ohne das Alte verstehen und auslegen kann. Das bedeutendste neuere Werk der neutestamentlichen Exegese, das „Theologische Wörterbuch zum

---

[13] *K. Rahner - H. Vorgrimler*, Kleines Konzilskompendium = Herderbücherei Bd. 270 (Freiburg i. Br. 1971) 375f.
[14] A. a. O. 376.

Neuen Testament"[15], bezeugt auf seine Weise – durch eine eingehende Behandlung der atl. „Grundbegriffe" bei jeder wichtigen ntl. Vokabel –, daß man gerade in der Auslegung des Neuen Testamentes auf Schritt und Tritt auf das AT angewiesen ist und bleibt. Das stellen selbst jene Theologen nicht in Frage, welche unter dem nachhaltigen Eindruck der negativen Polarisierung von „Gesetz" und „Evangelium" durch Paulus im AT einseitig die Geschichte des „Scheiterns" vor Gott sehen, wie z.B. Rudolf Bultmann[16].

Welche Art Geltung und Wertung das AT von sich selbst her für die christliche Verkündigung näherhin zu beanspruchen hat, ist in den letzten Jahrzehnten immer wieder als Problem aufgeworfen und auf verschiedene Weise zu beantworten versucht worden[17]. Es kann hier nicht in Details darauf eingegangen werden. Die allermeisten Antworten stimmen darin überein, daß eine christliche Theologie und Verkündigung ohne Beziehung auf die altbundliche Gottesbotschaft Fragment und Torso bliebe. Auch der Nichttheologe kann sich dies an einem instruktiven Beispiel klarmachen: das eucharistische Stiftungswort des Neuen Bundes, das in den christlichen Liturgien aus den entsprechenden (verschiedenen!) Überlieferungstexten des NT geformt ist, wird konstituiert aus drei atl. Wesenselementen: 1. aus Ex 24, 8 („Dies ist Blut des Bundes"); 2. aus Jer 31, 31 („Neuer und ewiger Bund"); 3. aus Jes 53 (Lebenshingabe als Sühnopfer für die Vielen). So stark ragt also das AT nicht nur in das NT hinein, sondern in die Lebensmitte der neubundlichen Gemeinde. Hierin wird zugleich offenbar, daß man dem AT mehr als den Charakter eines „Pro-

[15] Herausgeber G. Kittel u. G. Friedrich, seit 1933 im Verlag Kohlhammer, Stuttgart, erscheinend, bisher in 9 Bänden vorliegend.

[16] *R. Bultmann,* Weissagung und Erfüllung (Tübingen 1948) in: Theologische Bücherei Bd. 11 (Probleme atl. Hermeneutik) 41–53, vorab 50 ff; vgl. auch „Die Bedeutung des Alten Testamentes für den christlichen Glauben" (Glauben und Verstehen I [Tübingen 1933] 313–336).

[17] Vgl. vorab den von Cl. Westermann herausgegebenen Sammelband (16 Autoren!) Probleme alttestamentlicher Hermeneutik = Theologische Bücherei Bd. 11 (München 1960).

logs" zum NT zusprechen muß. Erst recht wird diese bei vielen christlichen Theologen und Verkündigern gängige Wertung als unzureichend erkannt, wenn man das zentrale Thema „der Gottesherrschaft" in der Botschaft Jesu [18], die Grundweisung der Gottes- und Nächstenliebe als Kernpunkt der Wegweisung Jesu [19] oder die neutestamentliche Eschatologie [20] in ihrer Verwurzelung im alttestamentlichen Mutterboden bedenkt. Wenn Paulus bei aller Differenzierung von altbundlichem und neubundlichem Gottesvolk letzterem das vielvergessene Bekenntnis ins Gedächtnis schreibt: „Nicht du trägst die Wurzel, sondern die Wurzel trägt dich!" (Röm 11, 18), dann sollte diese Verhältnisbestimmung auch für die Relation beider Testamente bedacht werden. Allzulange hat man in der Kirche das Wort des Hebräerbriefes vom „Gesetz als dem Schatten der zukünftigen Güter" (10, 1) – dort nur auf die Opfer bezogen! – einseitig als globales christliches Auslegungsprinzip betrachtet und angewandt. Die Selbsterschließung Jahwes gegenüber Israel hatte gar nichts Schattenhaftes und nichts nur Vorläufiges an sich. Es ging dabei um einen „Blutsbund" (vgl. Ex 24, 8) und damit um Leben und Tod [21]. Wenn Jahwe der Vater Jesu Christi ist und das „Israel Gottes" (Gal 6, 16) in Jesus dem Christus sich heilsgeschichtlich voll realisierte, wenn ferner auch noch die Kirche wanderndes Gottesvolk bleibt, dann kann das AT nicht nur eine mittelbare Bedeutung für die Christenheit haben. Bei aller Unterschiedenheit muß die Einheit beider Testamente so zum Zuge kommen, daß das Wort des alttestamentlichen Offenbarungsgottes unmittelbar gehört wird als

---

[18] Vgl. dazu *R. Schnackenburg,* Gottes Herrschaft und Reich (Freiburg [4]1965).

[19] Vgl. Dt 6, 5 und Lv 19, 34.

[20] Besonders instruktiv für den Zusammenhang von AT und NT in dieser Frage ist das Werk „Das Neue Testament und die Zukunft des Kosmos" (Düsseldorf 1970) von *A. Vögtle.*

[21] Die umfassende und z. T. unter Einsatz des Lebens ausgeübte intensive Tätigkeit der Propheten im Gottesvolk ist ein – leider vielen christlichen, vorab katholischen Theologen nicht einmal in den Blick kommendes – nicht zu überschätzendes Zeugnis für die Ernsthaftigkeit und das Engagement Gottes in der altbundlichen Geschichte.

Botschaft und als Wegweisung, soweit sie nicht – wie vorab beim Ritualgesetz – durch das NT selbst relativiert werden.

III. Das Alte Testament und seine moderne Erschließung

Texte haben immer den Anspruch darauf, sich selbst zu Gehör zu bringen und darum von ihnen selbst her vernommen und verstanden zu werden. Dieses Verstehen geschieht allerdings zunächst je und je zugleich vom Verständnishorizont des Lesenden und Hörenden aus. Doch muß der Vernehmende dabei offen dafür bleiben, sich von den Texten Maß geben und sich in seinem Vorverständnis korrigieren zu lassen. Texte verstehen und auslegen heißt ferner, sie im Zusammenhang mit ihren literarischen, historischen, kulturellen, psychologischen und soziologischen „Kontexten" zu sehen und so ihre Aussage und deren „Stellenwert" näher zu bestimmen.

In all diesen Hinsichten steht der Mensch von Hause aus und allgemein in der Versuchung, vorschnell seine Subjektivität gleichsam als „Lesebrille" und „Gehörfilter" ins Spiel zu bringen. Vielleicht ist der abendländische Mensch hier in besonderer Gefahr, weil er infolge seiner intensiven Zuwendung zur Welt des „Es" allzuleicht – trotz der riesigen literarischen Produktionen des Okzidents – die „Welt des Wortes" nicht mehr als die nächste Welt des Menschen erkennt und bewertet. Für den Hebräer aber ist der Mensch in erster Linie ein sprechendes Wesen. Darum nennt er die Tierwelt, wiewohl er ihre Laute und Lautsignale kennt, „das Stumme" (behemah) [22]. Er hat, nicht zuletzt aus dieser Erkenntnis, die „Kunst des Wortes" und zugleich die Freude daran gepflegt. Seine „Wortwelt" ist in der Vielfältigkeit ihrer Regionen noch reicher als die nicht arm zu nennende des übrigen

[22] Was die Sprache für den Menschen und seine „Menschwerdung" in Wirklichkeit bedeutet, vermögen die neueren Forschungsbeiträge zur Entwicklungspsychologie des Kleinkindes überzeugend darzutun.

Alten Orients. Das Alte Testament mit seinen vielen literarischen Formen und Gattungen legt dafür ein beredtes Zeugnis ab.

Mit dem AT hat man es im Okzident immer schon schwer gehabt. Die Geschichte seiner Auslegung, der hier nicht nachgegangen werden kann, beweist dies. Sein Offenbarungscharakter verleitete dazu, in ihm nicht nur „Lehrworte" über das gottgeschenkte Heil und den Weg dahin, sondern auch „Wahrheiten" über den Kosmos und die menschliche Geschichte in einem innerweltlichen Sinn zu suchen und zu finden. Es sei in diesem Zusammenhang nur auf das große Mißverständnis alttestamentlicher Texte hingewiesen, das bei Protestanten (Luther, Melanchthon) wie Katholiken (Galileiprozeß!) zur Verwerfung des Kopernikanischen Weltbildes und damit zu einem für die abendländische Geistesgeschichte ebenso unnötigen wie verhängnisvollen Kampf zwischen Offenbarungsglauben und wissenschaftlichem Denken und Erkennen geführt hat. Man hat damals trotz der Hinweise des Laien Galilei, daß die Bibel offensichtlich kein naturkundliches Buch sein wolle, auf der Theologenseite in Sätzen wie Jos 10, 12f; Koh 1, 4; Ps 19, 7 das geozentrische Weltbild biblisch bestätigt sehen wollen, obschon diese Stellen samt und sonders je ganz anderen literarischen Gattungen als einer „Naturlehre" zugehören.

In der katholischen Kirche hat leider erst die Enzyklika „Divino afflante Spiritu" von 1943 der sachgerechten wissenschaftlichen Erforschung des AT die Türen geöffnet, nachdem eine solche Stellungnahme längst fällig und unaufschiebbar geworden war. Die *Archäologie* des Alten Orients hatte seit einem Jahrhundert einen solchen Aufschwung genommen, daß das heilige Buch Israels in einem ganz neuen Licht erschien. Einerseits erkannte man, wie tief es in die gesamtorientalische religiöse Literatur eingebettet, ja mit ihr verflochten war, und andererseits traten seine religionsgeschichtlichen Eigenheiten in ihrer Unableitbarkeit geradezu ins Hochrelief. Zugleich wurde die Geschichte Israels durch außerbiblische Dokumente in vieler Hinsicht erhellt, wobei auch herkömmliche Vorstellungen korrigiert werden mußten. Es ist z.B. heute fast allgemein angenommen, daß nur die sogenannte

„Mose-Schar" die Befreiung aus Ägypten erfuhr und bei ihrer Landnahme sich mit bereits vorher landsässig gewordenen verwandten Stämmen zum Volk Israel zusammenschloß und dabei ihre religiöse Erfahrung mit Jahwe als fortan bestimmendes und verbindendes Element in den Stämmebund einbrachte. Es gilt demnach allerdings nach wie vor, daß die „Mose-Leute" qualitativ – wenn auch nicht quantitativ – das Jahwevolk Israel bildeten.

An der Klärung der geschichtlichen Abläufe ist in besonderem Maße auch die *literarkritische* Erforschung des AT beteiligt. Sie hat viel Licht in die Verfasserfrage und Datierung der Texte bringen können. Die literarische Analyse des Pentateuchs z. B., wie sie die Wellhausen-Schule erarbeitet hat, hat sich prinzipiell bis heute bewährt, auch wenn man den „Jahwisten" (J), den „Elohisten" (E), das „Deuteronomium" (D) und die „Priesterschrift" (P) nicht mehr als Dokumente, sondern als Überlieferungsschichten mit je eigenen Einzelsträngen zu deuten hat.

Am meisten hat zur Erschließung des Alten Testamentes die Erforschung der *literarischen Gattungen,* ihrer formalen Strukturen und ihres „Sitzes im Leben" beigetragen. Hierdurch wurde die traditionelle „buchstäbliche" Auslegung gezwungen, Hebr 1, 1 ganz ernst zu nehmen: „Vielmals und *auf vielerlei Weise* hat Gott vorzeiten zu den Vätern geredet durch die Propheten." Man hatte zwar schon immer zwischen Prosa und Poesie im AT unterschieden, interpretierte aber die erzählende Prosa immer auf *„einerlei Weise":* sie hatte als „historisch" – im abendländischen Sinne! – zu gelten. Man ließ „im Eifer für Gott und sein Reich" dem Offenbarungsgott nicht die Freiheit, die verschiedensten Erzählformen, die legitime Gestalten des menschlichen „Wortkosmos" geworden sind wie etwa die Sage, die Legende, die Novelle, der Roman, die Fabel, die Lehrerzählung usw., zu Gefäßen seiner Offenbarung zu machen.

Auf diesem Terrain hat die neuere Forschung vor allem zwei Tatbestände erweisen und näher bestimmen können:

1. Israel hat durch seine Erfahrung der Geschichtsmächtigkeit

Jahwes das kosmisch-zyklische Denken der Umweltkulturen, dessen Chiffre der Kreis ist („Wiederkehr des Gleichen"), durchbrochen und die lineare Dimension der Zeit und damit die Geschichte als sich ausfaltenden Prozeß auf Zukunft hin als Dominante im Weltgeschehen entdeckt. Sein dadurch angeschärfter geschichtlicher Sinn hat bereits in der früheren Königszeit zu Geschichtsdarstellungen geführt, welche in der Welt des Alten Orients singulär zu nennen sind. Das Hauptinteresse der Geschichtsschreiber Israels richtet sich dabei allerdings auf die Geschichte des „Bundes" Jahwe–Israel und gewöhnlich nicht auf Ereignisse, die keinen besonderen Bezug dazu haben [23].

2. Nicht trotz, sondern gerade wegen seines geschichtlichen Sinnes hat Israel fast alle geschichtlich gewordenen und gewachsenen Gestalten der menschlichen „Wort-Welt" aufgenommen und zu Ausdrucks- und Bezeugungsformen der Jahweoffenbarung gemacht. So sind dem AT selbst mythische Darstellungsweisen nicht fremd, die freilich in ihrem jeweiligen Stellenwert vom alle mythische Immanenz sprengenden Jahweglauben (Jahwe ist der einzige und zugleich welttranszendente Gott!) her zu bestimmen sind. Erst recht finden sich in den 45 Büchern des AT die verschiedensten andern Gattungen von Erzählungen. Darum kann die neuere Exegese – nach jeweils sachgerechter Prüfung – von Stammvätersagen (Patriarchengeschichte), von Prophetenlegenden (Elia- und Elischa-Überlieferungen), vom „Josefsroman", von Novellen (Rut), von Midraschen (Erbauungserzählungen) usw. reden, ohne daß man damit ein negatives Urteil fällt über die theologische Bedeutsamkeit solcher nicht einfachhin als „historisch" zu bezeichnenden Texte. Diese Erkenntnis richtig einzuordnen fällt noch immer vielen Gläubigen schwer, die trotz ihrer Vertrautheit mit sonstiger Literatur „Wahrheit" und „Dichtung" als einander ausschließende Gegensätze zu betrachten pflegen, wiewohl sie wissen könnten, daß große Dichtung immer *verdich-*

---

[23] Darum wird oft darauf verwiesen, über die „übrige Geschichte" sich in den königlichen Chroniken zu informieren (vgl. 1 Kg 11, 41 und noch 21mal in den Königsbüchern).

tete Wirklichkeit ist und als solche besonders wirksam zu sein vermag.

Die neuere, der eigentlichen Sache trotz der größeren zeitlichen Entfernung viel nähere Auslegung des AT darf keineswegs als unwörtlichere Interpretation angesehen werden. Es gilt hier ganz allgemein, was Karl Rahner in Hinsicht auf die biblische Urgeschichte so formuliert hat: „Man sollte die Redeweise, als habe man früher in der alten Exegese den Genesisbericht wörtlicher verstanden und tue dies nun nicht mehr, absolut vermeiden, weil sie falsch und verwirrend ist. Man versteht eine Aussage um so wörtlicher und genauer, je deutlicher und reflexer man das Genus litterarium der betreffenden Aussage erkennt. Wenn wir *dieses* heute besser vermögen als früher, verstehen *wir,* nicht die Exegeten des 19. Jahrhunderts, den Text ‚wörtlicher‘.“ [24]

Aus der gattungs- oder formgeschichtlichen Methode hat sich ein ganzes Bündel heutiger exegetischer Arbeitsinstrumente entwickelt, das hier nicht weiter besprochen werden kann [25]. Dadurch kann man sicher besser als früher die Texte zum Sprechen und zum Verstandenwerden bringen. Wie jeder Text jedoch seine literarische Vorgeschichte hat, so hat er in der überliefernden Gemeinschaft auch seine Nachgeschichte. Er kann sich dabei als starker Impulsgeber erweisen oder sogar selbst in neue Verständnishorizonte einrücken. Dieses Phänomen ist theologisch sehr bedeutsam, zumal das AT, wie die Schultheologie sagt, „revelatio in fieri“ ist, d. h. eine Offenbarung, die sich in einem geschichtlichen Wachstumsprozeß artikuliert.

[24] *P. Overhage - K. Rahner,* Das Problem der Hominisation = Quaest. disputatae Bd. 12/13 (Freiburg i. Br. 1961) 40f.
[25] Eine gute Übersicht bietet das Werk „Einführung in die exegetischen Methoden“, hrsg. von J. Schreiner (Würzburg 1971) und *G. Fohrer* u. a., Exegese des AT (UTB 267) (Heidelberg ²1976).

B. Die Grundbotschaft des Alten Testaments

I. Die Botschaft vom alleinzigen Gott

Seit unvordenklichen Tagen bekennt die jüdische Gemeinde im täglichen Morgen- und Abendgottesdienst: „Höre, Israel, der Herr ist unser Gott, der Herr als einer allein!" Jeder gläubige Jude spricht dieses Bekenntnis zur Einheit und Einzigkeit Gottes bei seinem Sterben. Diese Verkündigung von Jahwe als dem All-einzigen ist aus Dt 6, 4 genommen. Wahrscheinlich hat man bereits in früher vorexilischer Zeit die Kultversammlung in Israel mit diesem Ruf eröffnet. Er wurde zunächst wohl im doppelten Sinne verstanden: 1. Es gibt trotz der vielen Jahweheiligtümer und Jahwetraditionen nur den einen Jahwe. 2. Er ist der einzige Gott für Israel, ja der einzige Gott überhaupt. In letzterem Sinn verstand Israel den Kultruf spätestens seit der Wirksamkeit der Propheten. In der Tat ist der alttestamentliche Monotheismus das Fundament des Glaubens Israels und zugleich sein besonderes Charakteristikum. Dies bedeutet jedoch nicht, daß der Eingottglaube Israels nicht selbst eine geschichtliche Entwicklung und Entfaltung durchgemacht hätte, bis er als theoretisch abgeklärter Monotheismus erschien.

Israel selbst hat gewußt, daß seine Vorväter Götterverehrer waren. Gn 35, 2.4 gemäß ließ Jakob „die fremden Götter" aus seiner Familie entfernen. Nach Jos 24, 2 sagt Josue auf dem sogenannten „Landtag zu Sichem" in einem Gottesspruch: „Jenseits des (Euphrat-)Stromes haben eure Väter seit Urzeiten gesessen – Therach, der Vater Abrahams und Nachors – und dienten anderen Göttern." Und in 14: „Tut die Götter von euch, denen eure Väter jenseits des Stromes und in Ägypten gedient haben, und dient Jahwe!" In 24, 3 ff gibt dann Josua die Überzeugung Israels wieder, daß Jahwe – damals noch ohne diesen Namen – der Gott der Erzväter wurde, indem er ihnen sich kundtat und sie geleitete. Darin stimmen die Patriarchenerzählungen der Überlieferungsschichten JEP des Pentateuches bei aller jeweiligen Verschiedenheit überein. Geben sie aber damit die wirkliche Sachlage richtig wieder? War der Gottesglaube der Väter schon monotheistisch? Im theoretischen Sinne ganz sicher nicht. Die Berichte behaupten das auch nicht. Es ging augenscheinlich dem Offenbarungsgott in der Zuwendung an die Väter nicht um die Verkündigung eines monotheistischen Dogmas, sondern zunächst um die Bindung der Patriarchen an ihn allein. Damit war die Zusage des göttlichen Geleits an die Nomaden- und Halbnomadensippen, aus denen das spätere Israel hervorging, verbunden. Der biblische Gott tat sich also zunächst als Sippengott kund und wurde so der „Gott Abrahams" (Gn 31, 53) (vgl. auch: „Der Gott deines Vaters Abraham" in Gn 26, 24; 28, 13; 32, 10), „der Gott Isaaks" (Gn 28, 13) und schließlich „der Gott Abrahams, der Gott Isaaks und der Gott Jakobs" (Ex 3, 6.15) in einem. Neben diesem „Gott der Väter" wurden in den zugehörigen Großfamilien sicher keine andern Götter mehr für legitim gehalten, wenn man ihre Existenz gewiß auch noch voraussetzte. Beim Übertritt nach Kanaan, wohin ihre Gotteserfahrung die Vätersippen verwies, begegneten sie dort zwar der Vorstellung und Verehrung eines ganzen himmlischen Götterstaats, aber an dessen monarchischer Spitze stand, wie die Funde aus Ugarit (= Ras Schamra) erwiesen haben, der Hochgott El. Mit ihm – und mit ihm allein – identifizierten die Eingewanderten nach einschlägigen religiösen Erfahrungen an den El-Heiligtümern (vgl. Beth-el, Gn 12, 8; 13, 3f; 28, 10–22 u.a.) ihren Offenbarungsgott (vgl. Gn 46, 3: „Ich bin El, der Gott deines Vaters")[1]. Die ausschließliche personale Bindung an ihn als den al-

[1] Die Diskussion der Religion der Patriarchen war in den letzten Jahrzehnten besonders lebhaft. Einen guten und die einschlägigen Argumente sorgsam abwägen-

lein wirksam waltenden Gott macht das Wesen der Väterreligion aus, sie war also ein „Monotheismus der Praxis".

Dies gilt prinzipiell auch für die Mosezeit. Selbst wenn ein mosaischer Ur-Dekalog nicht die unmittelbare Vorform des späteren „Zehnwortes" (Ex 20; Dt 5) gewesen sein sollte, darf als sicher gelten, daß die Grundweisung des ersten Gebots, „keine andern Götter zu haben", auf Mose zurückgeht [2]. Im mosaischen Mutterboden wurzelt auch die religionsgeschichtlich singuläre Vorstellung, daß Jahwe ein „eifersüchtiger" bzw. „eifernder Gott" (Ex 20, 5; 34, 14) ist, die dann das ganze AT durchzieht. Der Ausdruck will nichts anderes als das Engagement Jahwes in der Durchsetzung seiner „Alleinzigkeit" in Israel unterstreichen. Diese Intoleranz bereits des frühen Jahwismus gegen die Verehrung anderer Götter neben Jahwe hebt ihn aus allen Religionen der Umwelt heraus. Die Frage der Existenz bzw. Nichtexistenz anderer Götter wird allerdings dabei nicht aufgeworfen; vermutlich wird ihr Existieren als gegeben hingenommen. Wir finden jedenfalls noch in Ri 11, 24; 1 Sm 26, 19; 2 Kg 3, 27 die in Israel anscheinend verbreitete Überzeugung vor, es existierten und walteten außerhalb des Gelobten Landes andere Götter. Aus der klaren Sachlage, daß die biblische Offenbarung auf ihrer mosaischen Frühstufe nur den praktischen Monotheismus, den aber mit aller Macht als Haltung und Tat des Gottesvolkes erheischt, folgt wiederum die Erkenntnis, daß Gott in der Offenbarung nicht in erster Linie die Enthüllung theoretischer Wahrheiten im Sinne dogmatischer Lehrsätze, sondern zuerst und zutiefst die existenzielle Bindung an ihn intendiert.

---

den Einblick gewährt *N. Lohfink* in seinem Vortrag „Die Religion der Patriarchen und die Konsequenzen für eine Theologie der nichtchristlichen Religionen", veröffentlicht in „Bibelauslegung im Wandel" (Frankfurt a. M. 1967) 107–128. Er kommt dabei zum Schluß: „Dieses Bild der Patriarchenreligion, wie es die kritische religionsgeschichtliche Forschung heute zeichnen muß, stimmt recht genau mit dem Bild überein, das uns die Bibel selbst zeichnet" (a.a.O. 125).

[2] Auch für einen sehr kritischen Forscher wie *G. Fohrer* ist dies plausibel, und er erschließt als Grundform dafür: „Du sollst keinen andern Gott haben!" (Geschichte der israelitischen Religion [Berlin 1969] 74).

Nach der endgültigen Landnahme (13./12. Jh.) und dem Übergang zur Seßhaftigkeit in Kanaan und damit zu dessen bäuerlicher Kultur – einer Landnahme, die einen starken Einschmelzungsprozeß kanaanäischer Bevölkerungsgruppen auslöste[3] – wurde dann je länger je mehr die Frage akut, was es eigentlich mit Baal, der im kanaanäischen Kult den Hochgott El immer stärker in den Hintergrund drängte, auf sich habe. Die Bedeutung des Namens (ba'al = Herr) und die Tatsache, daß hinter der örtlichen Vegetationsgottheit, die man jeweils Baal nannte, der „Himmelsbaal" stand[4], ist wohl der Grund dafür, daß man für Jahwe bis in die Königszeit hinein manchmal auch den Baal-Namen verwendete[5]. Als aber kanaanäische Vorstellungen und Riten immer stärker in Israels Religion eindrangen und die Baale dabei zu Konkurrenten Jahwes wurden, hat die prophetische Bewegung Israel in die klare Entscheidung für Jahwe und gegen Baal gerufen.

Bereits der Prophet *Elia* (um 850 v. Chr.) hat nach der Überlieferung seinen Kampf im Nordreich unter der Parole geführt: „Jahwe ist der Gott (schlechthin)!" (1 Kg 18, 39.) *Amos* (um 760 v. Chr.) verkündete Jahwe als den alleinigen Herrn und Richter auch der Völker (1–2; 9, 7). *Hosea* (um 750) versuchte die Jahwe-Verehrung von allen synkretistischen Verirrungen zu reinigen (vgl. 2, 18ff u. ö.). *Jesaja* (um 730) läßt keinen Zweifel daran, daß Jahwe auch Herr der großen Imperien ist (vgl. Jes 5, 26 und Kap. 31). Deren Götter sind nach ihm „elilim" = „Nichtse" (2, 8.18; 10, 10; 19, 3 u. a.). *Jeremia* (um 600) gibt den fremden Göttern den Namen „hebel" = „nichtiger

---

[3] Die Berichte des Josua-Buches über eine zumeist kriegerische und mit dem Kriegsbann „arbeitende" Inbesitznahme Kanaans sind stark deuteronomistisch eingefärbt; sie wollen die Unvereinbarkeit von israelitischem „Wesen" und „Kanaanäertum" in einer Art „erzählender Verkündigung" unterstreichen. In Wirklichkeit ist die Landnahme nur bei einigen Städten kriegerisch bzw. unter Vernichtungsmaßnahmen erfolgt.

[4] So erscheint er bereits in den Tell-el-Amarna-Briefen des 14. Jh., einer Korrespondenz der Stadtstaatenherrscher Kanaans mit dem ägyptischen Pharao.

[5] Man sieht das u. a. an den mit ba'al gebildeten Personennamen (vgl. Ischbaal, Sohn Sauls [2 Sm 2], Meribaal, Enkel Sauls [2 Sm 4, 4] Beeljada, Sohn Davids [1 Chr 14, 7]).

Hauch" (2, 5.10.15; 16, 19 u. a.) oder nennt sie auch „lo"elo-him" = „Nicht-Gott" (2, 11; 5, 7). *Deutero-Jesaja* (um 550) schließlich feiert die Alleinzigkeit Jahwes in geradezu hymnischen Bekenntnissen, wie z.B. in 45, 21: „Es ist kein Gott außer mir! Einen rechtwaltenden und rettenden Gott gibt es nicht neben mir" (vgl. 41, 28; 43, 10). Freilich scheint nach abendländischer Logik der zweite Satz den ersten in seiner Absolutheit abzuschwächen. Für den altbundlichen Gläubigen aber verstärkt er ihn noch. Denn für ihn ist „Sein" in erster Linie „Akt" im Sinne der Effizienz (vgl. das deutsche Wort „Wirklichkeit").

Die atl. Botschaft von Gott wird auch nicht verdunkelt oder auch nur getrübt dadurch, daß Jahwe an einzelnen Stellen inmitten himmlischer Wesen – wie in einem Hofstaat – thront, welche wie in den Mythen als „Gottessöhne" (in Ps 29, 1 sogar als „Götter-söhne") bezeichnet werden (vgl. 1 Kg 22, 19; Ijob 1, 6; 2, 1; 38, 7; Ps 89, 7). Sie haben – anders als in den Mythen – keinen göttli-chen Rang, sondern eine reine Dienstfunktion. Wie sehr sie ge-genüber dem mythischen Pantheon entmächtigt sind, zeigen die Serafim in der Berufungsvision des Jesaja an (Jes 6, 2f): sie müs-sen vor dem niederschmetternden Glanz des Gottkönigs ihr Antlitz und ihre Gestalt verhüllen.

Der Monotheismus Israels ist in seiner eindrucksvollen, alle poly-theistischen Vorstellungen abweisenden Mächtigkeit eine einzig-artige Erscheinung im Alten Orient. Betrachtet man ihn aller-dings nur numerisch-formal, muß man der Gerechtigkeit halber vermerken, daß es auch in anderen Religionen monolatrische Tendenzen, vorab in der Privatfrömmigkeit, gab, ja daß in Ägyp-ten für kurze Zeit, unter dem Pharao Echn-Aton (um 1350 v.Chr.), sogar ein formeller Monotheismus zum Zuge kam. In dessen Sonnenlied heißt es u.a.: „Du einziger Gott, außer dem es keinen andern gibt."[6] Gerade an dieser monotheistischen Aton-Reform, die bald wieder von der traditionellen polytheistischen ägyptischen Religion abgelöst wurde, wird aber zugleich klar,

---

[6] Vgl. *H. Gressmann,* Altorientalische Texte zum AT (Berlin ²1926) 17.

welch qualitativer Unterschied Jahwe von Aton trennt: Aton ist als Gott der Sonnenscheibe weltimmanent, Jahwe dagegen in seinem Sein und Selbst welttranszendent. Der klare und entschiedene Monotheismus Israels wird in der Diskussion zwischen dem Judentum (und dem ihm hierin folgenden Islam!) und dem Christentum gegen die trinitarische Lehre von Gott als gewichtigstes Gegenargument ins Feld geführt. Ganz abgesehen davon, daß das Christentum auch im Trinitätsglauben an der Ein-Wesentlichkeit Gottes strikte festhält, muß auch die Hypothek gesehen werden, die auf der in dieser antitrinitarischen Weise formulierten radikalen Eingottlehre liegt. Sie läßt sich artikulieren in der Frage: „Was soll ein absolut einsames Ich ohne Du? Ist höchstes personales Leben nicht Lebensaustausch von Erkennen und Lieben im personhaften Gegenüber von Ich und Du?" Im Rahmen des alttestamentlichen „transzendentalen" Monotheismus kann aber die Welt nie ein Gott wirklich entsprechendes Gegenüber sein, auch das „Du" des Menschen und der Menschheit nicht. Die gestellte Frage, in den polytheistischen Neigungen auch biblischer Menschen nicht ohne Echo [7], bleibt im AT ohne Antwort. Trinitarische Zeugnisse kennt das Gottesbuch Israels nicht. Doch schafft sich in den späteren Texten die Ahnung Bahn, daß Gottes Leben in sich selbst überreich sei. Das Nachdenken über die göttliche Weisheit, das sich vorgegebener Schrifttexte als seiner Basis bediente [8], führte in Spr 8 zu einer Personifizierung der „Weisheit Jahwes", der man mit der Annahme einer rein poetischen Einkleidung und Erläuterung des Satzes: „Jahwe ist weise und wirkt in Weisheit" offensichtlich nicht gerecht wird. Bemerkenswert, wenn auch weniger profiliert, sind auch die Personifizierungen des göttlichen Wortes (vgl. Ps 119, 89 [9]; Jes 55, 11; Ps 147, 15 ff; Weish 16. 12;

---

[7] Selbst die für ihren Jahwekult kämpfende Judengemeinde auf der Nilinsel Elephantine verehrte offenbar (noch um 400 v. Chr.) auch eine Anath-Jahu bzw. Anath-Bethel, die kaum nur als Hypostase Jahwes zu interpretieren ist.

[8] Vgl. *A. Robert,* Les attaches littéraires bibliques de Prov I-IV, in: Revue biblique 43 (1934) 42–68: 379–384: 44 (1935) 344–365; 502–526.

[9] Leider ist der Vers auch in der neuen deutschen Einheitsbibel falsch über-

18, 14 ff) und des göttlichen Geistes (vgl. Hagg 2, 5; Neh 9, 30; Jes 63, 10; Weish 1, 7). Diese Personifikationen bezeugen den Reichtum des Lebens Jahwes und sind offenbarungsgeschichtlich erste tastende Vorgriffe auf die neubundliche Erschließung der „mehrpersonalen" Seinsfülle des einen Gotteswesens [10].

II. Die Botschaft vom unwelthaften Gott

Das Gegensatzpaar „Monotheismus – Polytheismus" bekommt formalbegrifflich, wie wir am monotheistischen Sonnenlied des Echn-Aton feststellen konnten, die Besonderheit der biblischen Botschaft nur unvollständig in den Griff. Was Echn-Atons Lied mit den Mythen verbindet, ist die Zugehörigkeit der Gottheit zum „All" der Welt. Dem hierfür symptomatischen babylonischen „Enuma-elisch"-Mythus nach entstammen die Götter dem Urchaos und dessen göttlichen Grundkräften. Kaum entstanden, rebellieren sie gegen ihren elterlichen Urgrund und besiegen bzw. töten die Chaosmächte, um dann aus ihnen unsern Kosmos zu gestalten. Theogonie und Kosmogonie entsprechen also einander. Ihre erzählerische Darstellung in „Enuma-elisch" ist ein exemplarisches Zeugnis für die prinzipielle Welthaftigkeit und „Welthaltigkeit" der altorientalischen Gottheiten, so verborgen und ungreifbar sie z. T. auch vorgestellt sein mögen. Ihr Sein ist „Insein in Welt".

Der alttestamentliche Offenbarungsgott ist in dieser Hinsicht radikal anders. Das kommt am instruktivsten im Bilderverbot des

setzt. Der hebr. Text lautet klar: „Auf ewig steht dein Wort im Himmel." Von „Feststehen wie der Himmel" kann keine Rede sein.

[10] Daß die Personifikationen des „Wortes" und der „Weisheit" unter die Vorstufen der Logos-Lehre des johanneischen Prologs zu rechnen sind, zeigt der große Kommentar zum Johannes-Evangelium von *R. Schnackenburg* (Herders Theol. Kommentar zum NT, Bd. IV 1 (Freiburg i. Br. 1965), vor allem S. 257 und 259.

Dekalogs zum Ausdruck, welches dem 1. Gebot unmittelbar bei-gefügt ist. Seine Urform lautet wohl einfachhin: „Du sollst dir kein Gottesbild machen."[1] Dem liegt – sicher von Anfang an – eine doppelte Absicht zugrunde: 1. Das Verbot aller heidnischen Göt-terbilder für Israel (vgl. Ex 20, 23, Unterstreichung des Grundge-bots). 2. Das Verbot jeglicher Jahwe-Abbildung. Jegliches Bild der Gottheit wird damit aus Israel radikal verbannt. Das ist wie-derum singulär für die ganze antike Welt. Noch in hellenistischer Zeit hat man dieses Charakteristikum des jüdischen Kultes[2] als Ärgernis empfunden. In der Tat wird hier die Andersartigkeit des Offenbarungsgottes gegenüber den Gottesvorstellungen der Um-welt auf eine eindrucksvolle Weise dokumentiert. In dem erläu-ternden Zusatz in Ex 20, 4b: „Kein Abbild von etwas, was im Himmel oben, auf der Erde unten oder im Wasser unter der Erde ist" und in der deuteronomischen Predigt darüber (Dt 4, 12-20) wird offenbar, daß der tiefere Grund für das Bilderverbot die Un-welthaftigkeit Jahwes ist und damit sein „Wesen" nicht nur nicht darstellbar, sondern nicht einmal vorstellbar ist, weil es in der Welt nichts mit Jahwe Vergleichbares gibt. Das kommt völlig unmiß-verständlich in Jes 40, 18 zum Zeugnis: „Mit wem wollt ihr Gott vergleichen und welches Gleichnis ihm zur Seite stellen?" Die Welttranszendenz Jahwes ist also der tiefste Grund für seine Nichtdarstellbarkeit und seine Nichtvorstellbarkeit. Diese Un-welthaftigkeit Gottes findet im Dekalog auch im Verbot: „Du sollst den Namen deines Gottes nicht zu Frevlem erheben!" eine weitere Bezeugung. Der umfassende Ausdruck „Frevles" schließt sicher die Magie mit ein, wenn sie nicht sogar in erster Linie ge-meint ist. Damit wird jeder magische Einflußversuch auf Jahwe zum Abfall gestempelt, weil man darin zum Glauben abfällt, Jahwe sei ein welthafter und damit der magischen Beschwörung ausgelieferter Gott. Die so aus dem „Zehnwort", der zentralen

---

[1] Dieses Verbot ist auch in Ex 34, 14.17; Lv 19, 4; Dt 4, 16-19 mit dem Grundge-bot verbunden.
[2] Das Spätjudentum hat das Verbot noch dahin verschärft, daß auch keine Abbil-dungen von Menschen und Tieren gemacht werden dürfen.

Glaubensurkunde Israels, hervorleuchtende Welttranszendenz Jahwes offenbart sich im übrigen Alten Testament unter vielfachen Aspekten.

1. Jahwe, der überregionale, übervölkische und überkosmische Gott

Die Götter in Israels Umwelt sind durchweg räumlich bestimmt, insofern als eine bestimmte Region als ihr eigentlicher Lebens- und Herrschaftsbereich gilt, auch wenn sie als Obergötter des Pantheons zugleich „Schöpfer" oder „Herr der Welt" genannt sein mögen. Das AT selbst liefert illustrative Beispiele für diese Auffassung. Nach 1 Sm 26, 19 bedeutet die Verbannung in ein fremdes Land die Indienstnahme durch fremde Götter. Entsprechend dem Bericht von 2 Kg 5 nimmt der Syrer Naaman aus Damaskus auf Maultieren israelitische Erde mit, um auf ihr auch in seiner Heimat Jahwe verehren zu können. Jahwe aber erscheint schon im Zeugnis der Erzvätergeschichte nicht nur als der Sippengott, der mit den Halbnomadensippen „mitwandert", sondern als der an allen Orten dieser Wanderung – in Mesopotamien, Palästina, Ägypten – frei und ohne Beschränkung durch die mächtigen Götter der Völker souverän Waltende und Verfügende, der an keinerlei Volks- und Imperiumsgrenzen gebunden ist. Die Heiligtümer Bethel, Hebron und Beerseba sind nicht Aufenthalts-, sondern Erscheinungsorte des Vätergottes. Bei seiner fundamentalen Befreiungstat, der Befreiung Israels aus Ägypten, vermögen die großen Götter des Nilreiches nichts gegen seine zupackende Hand. Er ist auch nicht der Berggott vom Sinai-Horeb. „Er fährt" – nach Ex 19, 11.18.20 – vom Himmelsbereiche aus auf den Gottesberg „hernieder". Er wird auch nach der Überführung der Lade nach Jerusalem durch David nicht in diesem Sinne zum „Gott des Zion", daß er dort lokalisiert vorzustellen wäre. Der deuteronomistische Verfasser des Tempelweihegebetes läßt in 1 Kg 8, 27 Salomo sprechen: „Die Himmel und die Himmel der

Himmel fassen dich nicht, um wieviel weniger dieses Haus!" Darum kann Jahwe nach Mich 3, 12 und Jer 7, 12 sein „Haus" auch der Zerstörung anheimgeben – ein für Israel unheimlicher, fast undenkbarer Gedanke.

Jahwe läßt auch die für Israel versucherische Vorstellung abweisen, im selben oder auch nur ähnlichen Sinn Volksgott (Israels) zu sein wie der Obergott des Pantheons bei den andern Völkern und Reichen. Schon die mosaische Überlieferung bezeugt, daß das Zusammen „Jahwe-Israel" in der freien und ungezwungenen Erwählung von seiten Jahwes gründet. Es als naturale Zusammengehörigkeit oder zumindest als Aufeinanderangewiesensein zu betrachten, wird Israel von Anfang an verwehrt, nicht zuletzt dadurch, daß die Verwerfung und Vernichtung Israels im Falle des „Bundesbruches" angedroht wird. Die Gerichtspredigt der Propheten wurzelt ihrem Inhalt nach in dieser Tradition. Sie betonen in ihren Reden zugleich die pure Gnadenhaftigkeit der Erwählung und des „Bundes" und öffnen damit den Blick für die grundsätzliche Distanz zwischen Gott und Volk. Schon *Amos* (um 760 v. Chr.) wird in dieser Hinsicht ihr Wortführer, wenn er als Bote Jahwes dem auf die Erwählung (durch die Befreiung aus Ägypten) pochenden Volk zurufen muß: „Seid ihr nicht wie die Mohren vor mir, ihr Israelsöhne? Wohl habe ich Israel aus Ägypten geführt, doch ebenso die Philister aus Kaphtor und die Aramäer aus Kir" (9, 5). Jahwe läßt also die Anwendung der gängigen Kategorie des Volksgottes auf ihn verneinen. Nach Am 3, 2 bedeutet die Erwählung eine höhere sittliche Einforderung Israels. Da es gerade hierin versagt hat, wird es, so bezeugt die Gerichtspredigt des Amos mit wachsender Schärfe, von seinem Gott der Vernichtung ausgeliefert. Auch *Hosea* (um 750 v. Chr.) verkündet, daß der mit Israel eingegangene „Ehebund" Jahwes aufkündbar ist[3]. Wenn sich Jahwe Israels am Ende liebend erbarmt, dann nur „aus freien Stücken" (14, 4). *Jeremia* (um 600 v. Chr.) führt die einschlägige Verkündigung seiner prophetischen Vorgänger auf die Spitze

---

[3] Vgl. 2, 4: „Sie ist nicht (mehr) meine Frau, ich bin nicht (mehr) ihr Mann."

durch die Ankündigung eines den Alten Bund ablösenden „Neuen Bundes" (31, 31 f). Die These von Jahwe als dem „übervölkischen Gott" wird auch eindrucksvoll durch die Tatsache unterstrichen, daß das Alte Testament als Ganzes wie sonst keine „Nationalliteratur" der Antike die eigene Nation schilt und kritisiert und dabei auch die Großen seiner Geschichte nicht schont. Israel ist „ein halsstarriges Volk" (Ex 32, 9; 33, 3.5; 34, 9; Dt 9, 6.13) und gilt Hosea als „betrügerisch und vermessen wie sein Stammvater Jakob" (12, 3ff). Auch darin erscheint Jahwe als der sein Volk „transzendierende Gott", daß sein Weg mit Israel das umfassende Heil der gesamten Völkerwelt zum letzten Ziele hat [4]. Dies war verständlicherweise Israel nicht immer leicht einsichtig, da es in seiner Geschichte sich oft als kleinen Spielball der großen Völker und Imperien ringsum empfinden mußte. In einer solchen Stunde der Ohnmacht gegenüber den Großmächten durfte *Deutero-Jesaja* gleichsam das Siegel unter die Verkündigung vom übervölkischen Gott, der alle irdischen Grenzen sprengt und alle Geschichtsmächte unendlich überragt, setzen mit dem gewaltigen Spruch: „Völker sind wie ein Tropfen am Eimer, wie ein Stäubchen an der Waage gelten sie ihm. Fürwahr, Kontinente sind dem Sandkorn gleich . . . Alle Völker sind vor ihm wie ein Nichts, als Nichtigkeit und Wesenlosigkeit gelten sie ihm" (Jes 40, 15ff). Diese auch noch für das neubundliche Gottesvolk tröstliche Aussage hat alte prophetische Prämissen in Am 1-2 (Gericht über die Feindvölker wegen Verletzung der Humanitätspflichten), in Jes 7, 18 (Herbeipfeifen der „Fliege Ägypten" und der „Biene Assur") und 31, 2 („Die Ägypter sind nur Menschen, nicht Gott, ihre Rosse Fleisch, nicht Geist").

Die überregionale und übervölkische Dimension des atl. „Gottesbildes" weist letztlich nicht nur über die Erde, sondern über den ganzen Kosmos hinaus. Vorab in den zitierten Texten 1 Kg 8, 27 („Die Himmel . . . fassen dich nicht") und Jes 40, 15 („Alle Erdenmächte wie ein Tropfen am Eimer!") wird dies überdeutlich. Auch

---

[4] Vgl. den späteren Abschnitt über die atl. Heilserwartung. S. 140ff.

die höchsten Götter der großen Religionen der Antike (Sonnen-
gott, Mondgott, Sterngötter) gehören ihrer Natur nach zum „All".
Jahwe aber ist in jeder Hinsicht der kosmisch Ungebundene. Denn
er ist „der Schöpfer von Himmel und Erde". Diese Formel erscheint zwar in Gn 14, 19 im Munde Melkisedeks und hat ihre religionsgeschichtlichen Entsprechungen, bekam aber in Israel jenen
singulären Stellenwert, daß Jahwe nicht nur den Kosmos als Kosmos (aus dem Chaos!) geschaffen hat, sondern die Welt als Ganzes
nach Dasein und Sosein. Wenn man hie und da Gn 1, 1ff dahin
verstehen will, daß auch hier ein „unerschaffenes" Chaos der
Ausgangspunkt sei, so läßt sich dies gerade nach den neuesten
Untersuchungen nicht halten[5]. Auch bei keinem der übrigen
Schöpfungstexte wird ein Weltstoff vorausgesetzt. Gerade um sich
von den Schöpfungsvorstellungen der Umwelt abzusetzen, haben
die Theologen Israels einen eigenen Terminus (bara') gewählt,
den sie 1. nur von Gott gebrauchen, der 2. nie mit der Angabe eines „Woraus" verbunden wird, und der 3. die Mühelosigkeit des
göttlichen Schaffens zum Ausdruck bringen will. Verwendet die
alte jahwistische Schöpfungserzählung (Gn 2, 4ff, Endredaktion
um 900) noch handwerkliche Ausdrücke (machen, bilden), so
dringt die spätere Darstellung des Schöpfungsbezugs zwischen
Gott und Welt zur Vorstellung vor, Jahwe schaffe durch sein blo-
ßes Sprechen. In Jes 40, 26 (Exil) wird das Erschaffen der Sterne
als „sie beim Namen rufen" erläutert. Von Erde und Himmel
heißt es in Jes 48, 13: „Ich rief ihnen: da standen sie allesamt da!"
In Anlehnung daran formuliert Ps 33, 6.9 die lapidare Aussage:
„Durch Jahwes Wort entstanden die Himmel, durch den Hauch

---

[5] Der modernste und größte Kommentar zur Genesis von *Cl. Westermann* (Biblischer Kommentar AT, Bd. I/1–4 [Neukirchen 1966/70]) zeigt einmal mehr und
überzeugend, daß Gn 1, 1 als Hauptsatz übersetzt werden muß. In unserer Frage
vertritt er den Standpunkt, daß weder die „Creatio ex nihilo" noch „die Schöpfung aus dem Chaos" klar zur Aussage komme. *G. v. Rad* meint: „Es wäre aber
falsch, zu sagen, der Gedanke der creatio ex nihilo läge überhaupt nicht vor" (Das
erste Buch Mose [Göttingen 1950] 39). *W. H. Schmidt* urteilt nach eingehender
Analyse von Gn 1, 1–2 so: „Dem Mythos vom zeitlosen Chaos tritt die Aussage
des Weltbeginns durch Gott entgegen" (Die Schöpfungsgeschichte der Priesterschrift [Neukirchen 1960] 95).

seines Mundes ihr ganzes Heer . . . Denn er spricht, und es geschieht, er befiehlt, und es steht da." Gn 1 (um 500 v. Chr.) hat diese Vorstellung aufgenommen. Konsequent dazu entmythisiert es die ganze Himmelswelt: der Himmel ist nur ein Gewölbe zwischen oberen und unteren Wassern, und Sonne und Mond, die bemerkenswerterweise nicht einmal mit ihren Eigennamen benannt sind, werden zum „großen Leuchter" und zum „kleinen Leuchter", also zu rein materiellen Dingen ohne göttlichen Rang.

Die absolute Überlegenheit Jahwes gegenüber der Welt ermöglicht seine „Überräumlichkeit", d. h. seine Allgegenwart im Walten und Sein. Seine kosmisch unbegrenzte Mächtigkeit stellt bereits der erste Schriftprophet (Amos, um 760 v. Chr.) Israel so vor Augen: „Brechen sie (die Entronnenen) durch nach der Unterwelt, so holt sie von dort meine Hand. Steigen sie zum Himmel hinauf, stürze ich sie nieder von dort. Verstecken sie sich auf des Karmels Gipfel, so erspähe ich sie dort und packe sie. Bergen sie sich auf dem Grunde des Meeres, gebiete ich der Meerschlange, sie dort zu vernichten" (9, 3 ff). Der Autor von Ps 139 hat die hier ausgesprochene Überräumlichkeit von Macht und Tun Jahwes als raumtranszendierendes „Sein" expliziert: „Wohin könnte ich flüchten vor deinem Geistbraus, wohin fliehen vor deinem Angesicht? Stiege ich zum Himmel auf – dort bist du. Wollte ich mich betten in der Unterwelt – du bist auch da zugegen. Höbe ich mich auf des Morgenrots Schwingen und ließe mich nieder am Ende des Meeres, würde deine Hand auch dort mich packen und deine Rechte mich greifen" (Ps 139, 7 ff).

Auf diesen weltüberlegenen Herrn aller Schöpfungsmächte zielt auch, ganz gleich wo sein Ursprung liegen mag, der vorab bei den Propheten beliebte Titel „Jahwe Zebaot": alle Natur- und Geschichtsmächte sind ihm untertan[6].

---

[6] Der babylonische Mythus vom siegreichen Götterkampf gegen die Chaosmächte (samt seinen ugaritisch-kanaanäischen Entsprechungen) hat auch im AT ein gebrochenes Echo gefunden (vgl. Ps 74, 13 f; 89, 10; Hab 3, 8 u. a.). Kontrapunktisch zum Mythus sagt Ps 104, 26: „Du hast den Leviathan (= Seedrachen) geschaffen, um damit zu *spielen*."

2. Jahwe, der überzeitliche Gott der Lebensfülle

Die Transzendenz Jahwes betrifft nicht nur alle räumlichen Dimensionen, sondern auch die Linie der Zeit, die in der Jahwe-Erfahrung Israels gegenüber dem Raum zur Dominanten wird[7]. Hier widerspricht das AT den Mythen radikal, welche von einer Entstehung der Götterwelt erzählen und vom Tod und Wiederaufleben des Vegetationsgottes. Dem gibt „kontrapunktisch" der wahrscheinlich ursprüngliche Text von Hab 1, 12 Echo: „Bist du nicht von Urzeit her, Jahwe, mein heiliger Gott, der nicht stirbt?" Selbst noch die negative Formulierung des Versschlusses wurde später als anstößig empfunden und geändert[8]. Werden und Vergehen sind tatsächlich „unmögliche" Kategorien für das atl. Gotteszeugnis. Auch wenn man in Israel nicht zum philosophischen Ewigkeitsbegriff des gefüllten und damit „stehenden Jetzt" vorgedrungen ist, ja ihn wahrscheinlich als allzu statisch abgelehnt hätte, so wird doch jedes „Sich-Zeitigen" Gottes verneint. Er kennt für sich selbst keinerlei Anfang. Das war in Israel so selbstverständlich, daß der Endverfasser von Gn 1 den ersten Satz nicht so formulierte: „Im Anfang war Gott", sondern: „Im Anfang schuf Gott Himmel und Erde." Der über das Verhältnis von Gott und Zeit meditierende Weisheitslehrer, der Ps 90 dichtete, kommt zur lapidaren Aussage: „Du bist Gott von Ewigkeit zu Ewigkeit" (90, 2) und verweist in dem bekannten – allerdings zumeist unzureichend zitierten – Vergleich: „Vor deinen Augen sind tausend Jahre wie der gestrige Tag, wenn er vergangen" (90, 4), alle irdische Zeiterstreckung vor Gottes „Zeit" ins quantitativ und qualitativ Unbedeutende. Bei Deutero-Jesaja ist Jahwe „Erster und Letzter" (Jes 44, 6; 48, 12) und gibt als der, der ohne Anfang, allem andern Anfang. Nach Jer 10, 10 (späterer Einschub) ist Jahwe

---

[7] Ein oft übersehener Beleg dafür ist Gn 1: die erste der Scheidungen (Licht–Finsternis) schafft die Zeitdimension (Tag–Nacht).

[8] MT: „Wir werden nicht sterben." Die Masoreten lassen erkennen, daß sie von dieser Textänderung wußten.

ewiger Gott [9] als *lebendiger* Gott. Seine Lebensfülle ist also der ermöglichende Grund für seine Ewigkeit. Bei Jahwe, dem „lebendigen Gott", schwören alle Generationen Israels (vgl. Ri 8, 18; 1 Sm 14, 39 u. ö.) und erkennen damit seine Lebendigkeit als Höchstes und Tiefstes seines Wesens an. Dieses Leben kann durch nichts gemindert werden, auch nicht durch die Sünde des Menschen (vgl. Ijob 7, 20; 35, 6). Es ist so überreich, daß es auch durch nichts gemehrt werden kann, weder durch des Menschen Gerechtigkeit (Ijob 35, 6) noch durch seine Lauterkeit (Ijob 22, 2), noch durch sein Fasten (Sach 7, 5), noch durch Opfer (Jes 1, 11 ff; 40, 16; Ps 50, 12 f). Besonders letzteres bedeutet einen fundamentalen Unterschied der atl. Gottesbotschaft gegenüber den Mythen, nach denen die Götter durch Speise-, Trank- und Duftopfer eine „Lebenszufuhr" aus dem Kosmos erfahren. Jahwe dagegen ist der auf Welt und Mensch absolut Unangewiesene.

Von der Seite dieser weltunabhängigen Lebendigkeit her blickt das AT das an, was die Dogmatik mit der Bestimmung Gottes als des „actus purus" zutiefst meint. Dagegen tritt der in dieser Benennung mit implizierte Gedanke von Gottes Unveränderlichkeit im AT auffällig zurück [10]. Er steht der mehr psychologischen als logischen Vergegenwärtigung Gottes in der hebräischen Mentalität offensichtlich im Wege. Die atl. Gotteszeugen scheuen sich nicht, von wechselnden Gemütswallungen Gottes zu reden, wie von Zorn, Haß, Schmerz usw., ja sogar von Reue (vgl. Gn 6, 6; Ex 32, 12.14; 1 Sm 15, 11; Jer 4, 28; 26, 3.19 u. a.). In Hos 11, 8 und Jer 31, 20 werden wir (in Gottessprüchen!) unmittelbar mit einem göttlichen „Gefühlsumschwung" konfrontiert. Solche Anthropomorphismen haben neben ihrer Eigenart als dem Menschen angepaßte Redeweisen auch die positive Offenbarungsfunktion, Gottes personale Vitalität ins hellste Licht der Bezeugung zu rükken. Insofern sind sie in ihrer Art sogar besonders geeignet, das in den Blick zu bringen, was Gott selbst über alle menschliche

---

[9] „Ewig" wird oft von Jahwe ausgesagt: Jes 26, 4; 33, 14; 40, 28; Dt 33, 27; Dn 12, 7; Ps 9, 8; 10, 16; 29, 10; 92, 9; 93, 2 u.a.
[10] Ein „Echo" davon findet sich etwa in 1 Sm 15, 29; Mal 3, 6.

„Actus purus"-Spekulation hinaus und an ihr vorbei von sich offenbaren und seinem Volke gleichsam ins Herz schreiben wollte: seine unversiegbare, innerlich höchst bewegte und äußerlich alles überwaltende Lebendigkeit und personale Lebensfülle.

3. Jahwe, der übergeschlechtliche Gott

Zur Lebensfülle und zum Glück der Götter gehört in den orientalischen Mythen die geschlechtliche Erfüllung. Diese Gottheiten bilden jeweils Paare aus männlichen und weiblichen Partnern. Ihre Liebeseinung bedeutet zugleich kosmische Fruchtbarkeit. Ihre Verehrer versuchen darum, in kultischer Nachahmung die „heilige Hochzeit" (hieros gamos) des Götterpaares magisch zu stimulieren und zugleich deren Fruchtbarkeitskraft wirkmächtig gegenwärtig zu setzen. In der Baalsreligion ist dieser orgiastische Kult sogar ins Zentrum gerückt. Im Gegensatz zu all diesen Vorstellungen ist der Gott des Alten Testamentes Alleinwesen. Nicht einmal das Wort „Göttin" ist uns überliefert. Jahwe hat kein weibliches Gegenüber, wiewohl er nach Gn 2 dem Menschen das Alleinsein ersparen wollte und ihm darum die Frau als Gefährtin schuf, und obschon Gn 1, 28 bezeugt, daß die als „Bild Gottes" erschaffene Menschheit männlich und weiblich sei. Der Grund für die dem AT fraglose Übergeschlechtlichkeit der Gottheit kann also nicht in einer angeblichen biblischen Sexusfeindlichkeit („geschlechtlich = „schlecht"!) liegen. Sexus und Eros gründen nach dem AT im göttlichen Schöpfungsentwurf des Menschen und haben, wie Gn 2, 24, Hoseas Deutung des „Bundes" Jahwe–Israel als eines Liebes- und Ehebundes (vorab 2, 18-23), das Hohe Lied und die Spruchweisheit (vgl. Spr 5, 15-20) dartun, durchaus nicht nur Nachkommenschaft zum Ziele. Um so auffallender ist die für den Alten Orient beispiellose Geschlechtstranszendenz Jahwes. Sie ist im letzten nur erklärlich aus der absoluten Welttranszendenz Gottes und bezeugt sie so auf besonders eindrückliche Weise.

4. Jahwe, der wesenhaft heilige Gott

Das „Heilige" ist neben dem Wahren, Guten und Schönen ein Grundbereich menschlicher Ausgerichtetheit von urher. Ihm entspricht in etwa die religionsgeschichtliche Kategorie des „tabu". Das korrespondierende hebräische Wortfeld ist hauptsächlich von der Wortwurzel q – d – š samt ihren Derivaten besetzt. Die zugrunde liegende Idee bedeutet: „getrennt sein, anders sein". Mit diesen Prädikaten werden im AT zunächst Orte und Dinge belegt, die zu Jahwe in einer besonderen Beziehung stehen und darum profanem Gebrauch entzogen sind. So wird z. B. in Ex 3, 5 (E) der Ort der Dornbuschtheophanie „heilig" genannt (mit der Forderung an Mose, die Sandalen abzulegen!). Doch wird diese „Qualität" – und das ist ein merklicher Unterschied zu heidnischen Vorstellungen – stets intensiv in Relation zum persönlichen Offenbarungsgott gesetzt. Symptomatisch dafür ist der Ausruf der wegen unehrerbietiger Haltung der heiligen Lade gegenüber gestraften Einwohner von Bet Schemesch: „Wer vermag vor dem Angesicht Jahwes, dieses *heiligen* Gottes, standzuhalten?" (1 Sm 6, 20.) Darum wird die Bezeichnung „heilig" immer mehr zum Sonderprädikat für Jahwe selbst. So nennt schon *Amos* den Namen Gottes „heilig" (2, 7) und läßt Jahwe bei seiner „Heiligkeit" schwören. Da beim Schwur immer das Höchste und Hehrste beschworen wird, enthüllt sich hier Jahwes Heiligkeit als sein besonderes Wesensmerkmal. Von da aus führt nur ein kurzer Schritt zur Berufungsvision des *Jesaja*, in der die Serafim Jahwe als „heilig, heilig, heilig" ausrufen (6, 3). Das Wort offenbart zunächst die ontische Heiligkeit Jahwes, nämlich seine erschreckende Erhabenheit, seine blendende Lauterkeit und seinen niederschmetternden Glanz (= kabod). Zugleich erfährt der Prophet vor dieser „Lichtwucht" (Grundidee von kabod) nicht nur seine kreatürliche Kleinheit, sondern auch seine ganze ethische Fragwürdigkeit und Sündhaftigkeit. Das bedeutet, daß Jahwes Heiligkeit auch höchste ethische Lauterkeit ist, die aus ihrem innersten Wesen heraus menschliche Lauterkeit erheischt und in ihrer schonungslosen Helle alle Bundesbrüchigkeit aufdeckt. Darum verkündet Jes 10, 17: „Israels Licht wird zum Feuer und sein Heiliger zur Flamme: sie zündet und verzehrt seine Dornen und Disteln an einem einzigen Tag." Bei den Gotteserscheinungen zeigt sich die Heiligkeit Jahwes zumeist im Phänomen des Feuers an: beim „Zusammenprall" der Heiligkeitssphäre Jahwes mit dem irdischen Bereich sprühen Funken und Lohen (vgl. Ex 19, 18; Mich 1, 4; Ps 29, 7; 50, 3 u.a.).

Wenn man in neuerer Zeit für den heiligen Gott mit glücklichem Griff gern „der ganz Andere" sagt (vor allem Karl Barth), so kann man sich dafür nicht nur auf die Etymologie des Wortes, sondern auch auf eine Reihe atl. Zeugnisse berufen. Im Gottesspruch von Hos 11, 8 bezeugt sich Jahwe als heilig, weil er anders ist und handelt als der Mensch, der seinem Zorn freien Lauf läßt. Als der „Ganz-Andere", der mit Welt und Mensch Unvergleichliche begegnet der „Heilige Israels" vorab bei *Deutero-Jesaja* (vgl. 40, 15.25; 55, 8 u.a.). In Konsequenz zu dieser Heiligkeitsauffassung nennt *Ezechiel* den Selbsterweis Jahwes als des absoluten und weltüberlegenen Gottes ein „sich heiligen" vor und an den Heidenvölkern (vgl. Ez 20, 41; 28, 22; 36, 23 u.a.).

Die Welttranszendenz Jahwes, wie sie in den aufgezeigten Perspektiven zutage tritt, ist das große Unterscheidungszeichen des Jahwismus gegenüber allen Umweltreligionen. Sie ist trotz mancher – gescheiterter! – Versuche religionsgeschichtlich, religionsphilosophisch, religionssoziologisch und religionspsychologisch nicht zureichend erklärbar und steht wie ein unerschütterlicher und unzerstörbarer erratischer Block in der Welt des Alten Orients und der Antike und ist als solcher ein bedeutsamer Stützpfeiler für die Glaubwürdigkeit der biblischen Offenbarung.

Diese Unwelthaftigkeit Gottes gehört so sehr zum Grundbestand des Glaubensgutes Israels, daß die Autoren des Alten Testamentes ohne die schwere Gefahr des Mißverständnisses die vielartigen Anthropomorphismen auf Jahwe anwenden konnten, welche dem abendländischen Verständnis so viele Schwierigkeiten bereiten. Diese menschenförmigen Ausdrucksweisen lassen das unfaßbare und unbegreifliche transzendente Sein und Wesen Jahwes intakt, ja bekommen von ihm her ihren Sinn und Stellenwert: sie wollen zunächst nichts anderes als bild- und gleichnishafte Bezeichnungen nicht für Gottes Wesen, sondern für sein Tun und Walten, also seinen Selbstbezug auf Welt und Mensch sein, Gegen diese Sicht mag man auf das bekannte philosophische Prinzip verweisen: „Agere sequitur esse" („das Handeln folgt aus dem Sein"), so daß man Walten und Sein bei Gott nicht einfach voneinander trennen könne. An einem entscheidenden Punkte tut auch das AT dies nicht: in den kühnen Anthropomorphismen und durch sie hindurch soll eines wenigstens vom Wesen Jahwes aufleuchten: seine Personalität.

III. Die Botschaft
von Jahwe als personalem Gott

In Israel hat man den Begriff des Geistes und der damit verbundenen Personalität nicht auf abendländische Weise durchreflektiert. Und doch hat man das damit Gemeinte in der Wurzel und damit „radikal" erfaßt. Die Personalität des Menschen wurde vorab im Sprechen erfahren. So wurde die Sprache zum Unterscheidungszeichen gegenüber der dem Menschen nahestehenden Tierwelt[1]. Sie wird trotz aller Laute und Lautsignale – die Löwen brüllen (Am 3, 4.8 u. ö.), die Vögel singen (Ps 104, 12), die Raben krächzen nach Futter (Ps 147, 9) – vom Hebräer „das Stumme" (behemah) genannt. Der Mensch aber ist der Sprechende, der im zwischenmenschlichen Dialog sich als „Ich" und „Du" erfährt und gleichzeitig bei sich selbst ist, indem er „in seinem Herzen" (Gn 17, 17 u. ö.) oder „zu seinem Herzen" (vgl. Hos 7, 2 u. a.) „spricht". Mit diesem „Sprechen im Innern", was der normale hebräische Ausdruck für Denken ist, ist unser „Selbstbewußtsein", also unsere

---

[1] Von dieser Nähe legen die Schöpfungserzählungen Zeugnis ab: Gn 1 verlegt die Erschaffung der Landtiere und des Menschen auf den gleichen (6.) Tag. In Gn 2 werden alle Tiere dem Menschen zugeführt und von ihm benannt.

aktualisierte Personalität gemeint. In Israel weiß man so gleichsam von Hause aus um den wesenhaften Unterschied von „Ich-Welt" (Personwelt) und „Es-Welt" (Sachwelt). Nun hat Israel im Angesprochenwerden durch Jahwe – ein Angesprochenwerden, welches das Volk als „Israel" erst geschaffen hat, wie das AT immer wieder dartut – Gott als den „Sprechenden" und damit als „Ich" und „Er", ja als ein „Selbst" ohnegleichen erfahren und je und je im „Du" geantwortet. Die Wortoffenbarung weist sich schon in sich selbst als Selbsterschließung eines personalen Gottes aus, und sie gibt zugleich inhaltlich fort und fort den Blick auf Gottes „Selbstheit" frei. Die prophetischen Offenbarungsvermittler, die sich selbst als Jahwes Boten, ja als sein „Mund" verstehen – darum reden sie zumeist im Stil des Botenspruches, d. h. des Gottesspruches in Ichform –, rufen das Volk immer wieder vor das „Ich" Jahwes, der bald im Selbsterschließungswort (z. B. „Ich bin Jahwe, dein Gott von Ägypten her", Hos 12, 10), bald im Weisungswort, bald im geschichtsmächtigen Gerichts- oder Gnadenwort sich Israel personal konfrontiert. Sein „Ich" wird häufig dadurch unterstrichen, daß das Pronomen der ersten Person separat an den Anfang des Spruches gestellt wird, obgleich das Hebräische die Person schon an der Verbform erkennen läßt (vgl. Hos 5, 3; 13, 5 u. a.). Dadurch erhält das Pronomen den Sinn von: „Ich, ja ich . . ." Öfter, vorab bei Dt-Jes findet sich das Fürwort sogar gedoppelt (vgl. Jes 43, 11. 25; 48, 15, 12 u. a.). Auch die „Bundescharta" des „Zehnworts", in Ex 20 und Dt 5 überliefert (Dekalog) und in den großen Festgottesdiensten verkündet, hebt mit dem feierlichen „Ich" in der Langform (= anoki) an („Ich bin Jahwe, dein Gott . . .").

Das, was Jahwes Personalität inhaltlich kennzeichnet, wie Erkenntnis und Weisheit, Wille und Freiheit, wird öfter im Gottesspruch selbst thematisiert. Insbesondere die in der Souveränität seines Waltens aufleuchtende „Selbstheit" wird eindrucksvoll formuliert in Jes 46, 10: „Ich spreche: mein Plan steht fest; was mir gefällt, das vollführe ich." Das ist der durchhaltende Grundtenor der gewaltigen Erlösungsbotschaft des großen Exilspropheten. Ein späterer Überarbeiter von Ex 33, 1-23 hat das Thema von der absoluten Freiheit Jahwes in Zusammenfassung aller einschlägigen, insbesondere durch die Propheten vermittelten Erfahrungen Israels mit Jahwe in einem Gottesspruch lapidar so artikuliert: „Ich neige mich gnädig, dem ich mich gnädig neige; ich erbarme mich dessen, dessen ich mich erbarme" (Ex 33, 19). Jahwe wendet also in völliger Unabhängigkeit seine Huld zu, wem er will, so umfassend sein Gnadenwille auch ist. Er bindet sich dabei nicht an die Bedingung menschlicher Vorleistungen. Das gilt vor allem auch für die Erwählung Israels, die in Israel und anderswo immer wieder die Frage nach dem „Warum" stellen läßt. Das Gottesvolk soll nach Dt 9, 6 niemals „in seinem Herzen sprechen: wegen meiner Gerechtigkeit hat mich Jahwe hergebracht, um dieses Land in Besitz zu nehmen" (vgl. dazu 7, 7). Bei dieser Entscheidung wird als Motiv einzig seine Freiheit, die im Falle der Erwählung frei schenkende Liebe ist, angegeben (vgl. Hos 11, 1; Dt 4, 37f; 10, 15; Mal 1, 2f).

Die Personalität Jahwes prägt sich Israel besonders tief ein durch die Übernahme zweier signifikanter personanzeigender „Chiffren" in die Offenbarungssprache: Jahwe hat ein „Angesicht" und ein „Herz". Da das Hebräische keinen eigenen Ausdruck für „Person" und „Personalität" hat, bieten die vorgenannten Termini mehr als einen Ersatz dafür. „Angesicht" bedeutet dem Etymon nach „das Zugewendete". Diese personale Zuwendung Jahwes wird insbesondere im Kult erfahren. Darum wird der Besuch des Kultorts als „Erscheinen vor Jahwes Angesicht" umschrieben (Ex 34, 20; Dt 10, 8; 18, 7; Ps 86, 9 u. a.). Wenn er dort Hilfe schenkt, bedeutet dies „das Zeigen seines Angesichts" (Ps 4, 7; 31, 17). Seine Huld und sein Segen kommen aus „dem Aufleuchten des göttlichen Angesichts" (vgl. Num 6, 25 [Priestersegen] Ps 44, 4; 89, 16 u. a.).

Mit „Herz" ist das ganze Innere des Menschen umgriffen, also Erkenntnis, Wille und Gemüt. So hat auch Jahwe ein „Herz" (vgl. Gn 6, 6; 1 Sm 13, 14; Hos 11, 8; Jer 3, 15; 6, 8; 15, 1; 31, 20; Ps 33, 11; Ijob 36, 5 u. a.), und er tut dies in unerhörten Gottessprüchen wie diesen kund: „Mein Herz kehrt sich um in mir, all mein Mitleid entbrennt" (Hos 11, 8). „Ihm (= Ephraim) schlägt mein Herz, ich muß mich seiner erbarmen" (Jer 31, 20). Personalere Aussagen über Jahwe, als diese Eröffnung Jahwes selbst sie kundtut, sind kaum denkbar. Der Offenbarungsgott übernimmt kühn das Risiko solch menschenförmiger Zeugnisse, um seine Personalität ins Licht zu stellen.

Gott personal vorzustellen ist in der Geistesgeschichte der Menschheit immer wieder ein „Ärgernis" geworden. Besonders östliches Denken sieht darin etwas, was der Unendlichkeit und Unbegrenztheit des Göttlichen Eintrag tue. Hier liegt ein Mangel an Information oder auch ein Mißverständnis vor. Der Personbegriff wird zwar aus irdischen Erkenntnissen und Erfahrungen gewonnen, in denen der Mensch sich und den Mitmenschen als Person erkennt und erfährt, aber Personalität als Bezeichnung einer Existenz in „Selbsthabe" und „In-sich-selbst-Sein" bedeutet doch gerade nicht eine Begrenzung des Seins. Verhält sich im Menschenwesen begrenztes Sein in begrenzter Weise zu sich selbst, so verhält sich in Gott unbegrenztes Sein in unbegrenzter Weise zu sich selbst, müßte man im philosophischen Angang des Gottgeheimnisses formulieren. Ebendies meint das dialektische biblische „Zusammen" von Endlichkeitstranszendenz und Personalität in Jahwe.

In dieser Sicht der Dinge erübrigt sich die Suche nach Begriffen wie „göttliche Überpersonalität" o. ä. Sie kann leicht in die Irre kommen und dort enden, wo man Gott als „das Unendliche" im Sinne eines alles umfassenden „Es" zu fassen sucht. Einem monistischen Pantheismus dieser Art widerspricht die biblische Offenbarung radikal. Gott ist auch nicht nur die „Tiefendimension des Seins", sosehr diese Bezeichnung auch einen heutigentags wirksamen pädagogischen Ansatzpunkt zur Hinführung vor den Offenbarungsgott abgeben mag. Er ist auch mehr als „*das,* was den Menschen unbedingt angeht". Wer sich unter das Wort der Bibel gestellt weiß, kann bei aller Notwendigkeit der Anpassung ihrer Botschaft an die moderne Mentalität am Ende nicht verschweigen, daß man sich Gott personal „vorstellen" und sich damit einem persönlichen Gott stellen muß. Wer das „Ich" und „Du" und „Selbst" Gottes aus der Bibel herauszuoperieren versucht, in welchem Namen und welcher Absicht auch immer, muß wissen, daß seine Operation mit einer Leiche endet. Daß die Akzeptierung eines persönlichen Gottes angesichts der vielen Übel und Leiden in der Welt ihre gewichtigen Schwierigkeiten hat, weiß schon die Bibel selbst. Jeremia und „Ijob" sind berühmte Beispiele dafür. Ihre Rebellion wird nicht grundsätzlich verworfen, aber sie werden zum Ertragen der Rätselhaftigkeit aufgefordert, um gerade dadurch Gott Gott sein zu lassen.

IV. Die Botschaft
von Jahwe als dem „Gott für Welt und Mensch"

Welttranszendenz und absolute Personalität gehören beim Offenbarungsgott zuinnerst zusammen. Seiner unbedingten Unabhängigkeit von allem Außergöttlichen korrespondiert nach innen die unbegrenzte Selbstverfügungsmacht über sich selbst, also die Freiheit schlechthin. Jahwe „als göttliche Freiheit in Person" hat in dieser seiner absoluten Selbstverfügbarkeit sein Wesen „verfaßt" zum Gottsein für Welt und Mensch. Diese Selbstverfassung Gottes auf Welt und Mensch hin – die spekulative Dogmatik spricht hier in ihrer Sicht von der der Schöpfung eingestifteten realen natürlich-übernatürlichen Bezogenheit auf Gott hin – ist die Mitte aller biblischen Gottesbotschaft, ihr „Evangelium" im wahrsten Sinn des Wortes. Auf der dunklen Folie des „mysterium tremendum", wie es sich in der Welttranszendenz Gottes anzeigt, leuchtet um so heller die Zugewendetheit Jahwes als „mysterium fascinosum" auf. Diese Frohbotschaft ist nicht erst dem Neuen Testament vorbehalten, sondern wird in Israel als dem „Volk Jahwes" seit frühesten Tagen verkündet. Sie kann im Gedankenduktus der Bibel so formuliert werden: „Der welttranszendente Gott transzendiert sich in seiner personalen Freiheit selbst auf Welt und

Mensch hin." Wie im alttestamentlichen Zeugnis von der Welttranszendenz Jahwes alle Mythen in ihrem immanentistischen Kern zerbrochen werden, so wird in diesem „Evangelium" wenigstens ihre Grundahnung aufgenommen, daß zwischen „göttlichem Bereich" und welthaftem Dasein und Sosein eine enge Verbindung bestehe – mit dem fundamentalen Unterschied allerdings, daß dieses Band biblisch durch Gottes Freiheit geknotet ist – und daß die Basis- und Bestimmungslinie der „Offenbarungsreligion" sich von Gott zur Welt und zum Menschen hinbewegt. Des Menschen religiöses Denken und Tun ist nur „Antwort" auf dieses vorgängige „Grundwort" des Offenbarungsgottes.

1. Das Zeugnis der Namensoffenbarung

Das „Evangelium" des Alten Testamentes, die Botschaft von seiner entschiedenen Zuwendung zu Welt und Mensch kommt am dichtesten und zugleich eindrucksvollsten im Namen „Jahwe" zum Zeugnis. Über 6800mal begegnet dieser Offenbarungsname im AT, und zwar in all seinen Traditionsschichten mit Ausnahme der spätesten Schriften. Seit dem 3. Jh. v. Chr. wurde der Name aus Scheu vor einer möglichen Verletzung des 2. Gebotes nur noch vom Hohenpriester einmal im Jahre (am Versöhnungstag) im Allerheiligsten des Tempels leise ausgesprochen[1]. Koh und Esth verwenden ihn nicht mehr, und im 2. Psalmenbuch (Pss 42–83) hat man ihn offensichtlich durch ‹ʾelohim› (= Gott) ersetzt. 25mal findet sich auch eine Kurzform „JAH". In außerbiblischen Zeugnissen kommt die Langform (JHWH = Jahwe) auf der moabitischen Mescha-Stele (um 850 v. Chr.) und in den in Lakisch gefundenen Ostraka (mit militärischen Nachrichten, 588 v. Chr.) vor. Wahrscheinlich ist die Kurzform sekundär. Der Name selbst wirft eine

---

[1] In der hebr. Handschriften wurden von den Massoreten die Vokale von „ʾadonaj", unter die vier Konsonanten (Tetragramm!) geschrieben, um anzuzeigen: lies ʾadonaj (= Herr)! Später wurde dies von den Christen mißverstanden, und sie lasen „Jehovah" statt „Jahweh".

Fülle von Problemen auf[2]. Dennoch läßt sich über einige wesentliche Punkte eine hinreichende Klarheit gewinnen.

Die Überlieferungsschichten E (Ex 3, 13 ff) und P (Ex 6, 3) führen ihn ausdrücklich auf den bundstiftenden Offenbarungsmittler Mose zurück (vgl. auch Hos 12, 10: „Ich, Jahwe, dein Gott von Ägypten her . . ."), während die jahwistische Tradition ihn schon in die „Biblische Urgeschichte" einträgt[3]. Dies ist aber keine entscheidende Gegeninstanz gegen die historisch glaubwürdige Tradition, „daß für Israel der Name Jahwe erst seit Mose geoffenbart wurde"[4]. Auch im Falle einer Anknüpfung an religionsgeschichtliche Vorgegebenheiten bleibt die Namensoffenbarung und die damit gegebene Namensdeutung etwas Neues und zugleich Fundamentales für das Gottesvolk.

Die Namensoffenbarungsperikope (Ex 3, 13–17) gehört zur nordisraelitischen, in ihrer Ausformung prophetisch eingefärbten Überlieferung des Elohisten. Sie ist einer prophetischen Berufungsgeschichte nachgebildet. „Es ist durchaus mit der Möglichkeit zu rechnen, daß der Deutungsvers 3, 14 nicht zum ursprünglichen Bestand der Erzählung gehört, aber dieser Zuwachs könnte doch schon ziemlich alt sein und auf eine vielleicht noch ältere Tradition der Erklärung des Jahwenamens zurückgehen. In jedem Fall ist V. 14a (b), wie alt auch immer, von großer Bedeutung als die einzige im AT überlieferte Erklärung des alttestamentlichen Gottesnamens."[5]

Die Frage des Mose in Ex 3, 13: „Wenn ich zu den Söhnen Israels komme mit dem Wort: ‚Der Gott unserer Väter hat mich zu euch gesandt', und sie mich dann fragen: ‚Welches ist sein

---

[2] Eine riesige Literatur zur Herleitung und Bedeutung des Namens gibt davon Zeugnis (vgl. RGG III [Tübingen ³1959] 515).

[3] Vgl. Gn 2,4ff und vorab Gn 4,26: „Damals begann man den Namen Jahwes anzurufen." Vielleicht hatte die Überlieferung des Südens noch in Erinnerung, daß die Jahweverehrung eine midianitische oder möglicherweise auch kenitische Vorgeschichte bzw. Wurzel hat.

[4] G. v. Rad, Das erste Buch Mose = Das Alte Testament Deutsch, 2–4 (Göttingen ⁹1972) 83.

[5] M. Noth, Das zweite Buch Mose = ATD, Bd. 5 (Göttingen 1958) 30.

Name? – was soll ich ihnen dann antworten?‘ “, wird verständlich, wenn man sich mit folgenden Tatbeständen vertraut macht: 1. Der Name hat für die Orientalen nicht nur Unterscheidungsfunktion, sondern bedeutet zuerst – idealerweise – eine Wesenserschließung oder einen Wesenshinweis[6]. 2. Beim Herrenvolk der Ägypter gilt der oberste Gott Ammon-Re als „der Gott mit dem verborgenen Namen“, der also seinen wirklichen Namen hinter seinen vielen Verehrungsnamen versteckt hält, damit er selbst dem magischen Zugriff durch die Menschen entzogen bleibe.

Wenn nun der Gott des Sklavenvolks ihm seinen Namen kundtut und anvertraut, ist dieses „Daß“ allein schon ein eindrucksvolles Zeugnis seiner Zuwendung zu Israel. Dieses Zeugnis wird verdoppelt und zugleich überboten durch das „Was“ des Namens.

Freilich ist schon die Übersetzung des „‘ehjeh ’ašer ’ehjeh“ von Ex 3, 14 schwierig. Das übliche „Ich bin, der ich bin“ ist aus zweifachem Grund unzureichend: 1. Das Wort ‹hajah› bedeutet im Hebräischen nicht einfach „sein“, sondern: werden, geschehen, sich ereignen, da-sein (seltenst: sein), ist also „dynamisch“ aufzufassen. 2. Diese Übersetzung verleitet (schon in der Septuaginta!) zu einer philosophischen Deutung im Sinne des „Seins selbst“ (ipsum esse), die dem hebräischen Denken sehr fern liegt und an unserer Stelle sicher in die falsche Richtung führt. Sachgerecht dürfte in der Tat nur die Übersetzung sein: „Ich werde da-sein, der ich da-sein werde“ bzw. „Ich bin da, der ich da bin“, oder vielleicht: „Ich bin der, der dasein wird.“ Schon aus diesem Grund sind alle Versuche, den Satz im Sinne einer Abweisung zu deuten (etwa = „ich heiße, der ich heiße“) zum Scheitern verurteilt[7]. Der Kontext sodann schließt es völlig aus, daß der Name verwei-

---

[6] Im „Enuma-eliš-Mythus“ (babylonische Schöpfungserzählung) wird gleich zu Anfang die Gleichung „Existieren = Benanntwerden“ ersichtlich (vgl. *H. Gressmann,* Altorientalische Texte zum AT [Berlin ²1926] 109). Für das AT selbst gilt ThWNT V, 253: „Im ganzen AT ist man sich der Bedeutung des persönlichen Eigennamens bewußt. Der Name bezeichnet die Person, ist ein Teil von ihr. Oft kann man geradezu sagen: ‚Wie jemand heißt, so ist er‘.“

[7] Schon die Tatsache, daß nicht einfachhin erklärt wird: „Ich heiße, der ich heiße“, ist eine gewichtige Instanz gegen diese Deutung.

gert oder verschleiert werden soll. Die Perikope ist nämlich ganz und gar durch die Botschaft von der Befreiung aus Ägypten bestimmt, und zugleich wird der Befreiergott mit dem Bundesgott der Väter identifiziert (Ex 3, 15): Unsere Deutung von Ex 3, 14 im Sinne von: „Ich bin da und werde dasein als dein helfender und heilvoller Gott, was auch geschehe!" wird eindeutig bestätigt durch Hos 1, 9. Die Formel für die Aufkündigung des Bundes durch Jahwe lautet da: „Denn ihr seid ‹Nicht-mein-Volk›, und ich bin der ‹„Ich-bin-nicht-da-für-euch›".[8] Das „Da-sein" Gottes ist also ein „Dasein für".

In seinem Namen will der Offenbarungsgott also nicht sein sogenanntes „metaphysisches Wesen" offenbaren, sondern jene Selbstverfassung seiner Existenz, die er als absolut freie Person sich gegeben hat, indem er sich entschloß, den Menschen – hier zuerst Israel – sein Angesicht zuzuwenden und sich in einem besonderen, jeden menschlichen Anspruch weit übersteigenden personalen Verhältnis zu verbinden. Für Israel war so im Namen Jahwe die Frohbotschaft gebündelt, daß Gott immerfort seine heilvolle Gegenwart und vorab seine Zukunft sein wolle. Diese wirkmächtige göttliche Zusage machte aus Israel ein Volk, das in einzigartiger Weise aus dem einseitig kosmisch und damit zyklisch geprägten Welt- und Existenzverständnis der alten Völker („ewige Wiederkehr des Gleichen"!) ausbrach und sich fortan als ein auf einer Geschichtslinie nach vorn und oben wanderndes Jahwevolk verstand. Seine Erfüllung liegt im „kommenden Gott" der Zukunft, dessen Zuwendungen in Vergangenheit und Gegenwart nur „Voraustaten" und „Vorgaben" dieser Zukunft sind[9]. Im Namen Jahwe wird so dem alten und neuen Gottesvolk das bereits

---

[8] Vgl. *A. Deissler,* Les petits prophètes I = La Sainte Bible (Pirot-Clamer) 8/1 (1961) und *H. W. Wolff,* Hosea = Biblischer Kommentar. Altes Testament, hrsg. v. M. Noth 14/1 (Neukirchen ³1976) zur Stelle. Es ist unerfindlich, warum manche Kommentatoren die lectio facilior der Bundesformel („nicht euer Gott") bevorzugen, zumal schon die Septuaginta den Zusammenhang mit Ex 3, 14 gesehen hat.
[9] Der Glaube Israels ist darum zentral auf die Zukunft hin orientiert (vgl. *A. Deissler,* Das Israel der Psalmen als Gottesvolk der Hoffenden, in: G. Bornkamm-K. Rahner [Hrsg.], Die Zeit Jesu [Freiburg i. Br. 1970] 15-37).

eröffnet, was Paulus als Kulmination der Zuwendung Gottes und absolute Zukunft von Kosmos und Geschichte in seinem genialen, aber von den Gläubigen wenig bedachten „Gott alles in allem" (1 Kor 15, 28) ins Wort bringt. Der Jahwename selbst ist dem Christentum wenigstens im „Namen über allen Namen" (Phil 2, 9), Jesus, erhalten geblieben. Gerade dieser Name – im Judentum öfter vorkommend – sollte nach Mt 1, 21 und Lk 1, 31 der gottbestimmte Name für den endgültigen Heilbringer sein: Jesus (= Jeschua) bedeutet nämlich „Jahwe ist Heil" und wird in Mt 1, 21 so erläutert: „Denn er wird sein Volk erlösen von seinen Sünden." Wie das NT allenthalben verkündet, ist in Jesus dem Christus der zukünftige Äon, auf welchen der Jahwename letztlich verweist, bereits angebrochen [10].

2. Das Zeugnis der „Biblischen Urgeschichte"

Gn 1–11 stellen in der Geschichte der altbundlichen Offenbarung keineswegs deren Anfang dar, sondern bilden den äußersten der konzentrischen Kreise, welchen von der zentralen mosaischen Selbsterschließung Gottes auszuleuchten das Glaubensbewußtsein Israels vom inspirierenden Gott autorisiert wurde. Dabei haben diese Kapitel selbst eine lange Geschichte, die vom Ende des 10. Jh. (J) bis zum Ende des 6. Jh. reicht. Über ein halbes Jahrtausend hin war dann allerdings diese „Urgeschichte" ein fester Bestandteil des israelitischen Glaubensgutes und hatte die eminente Funktion, die „Anfänge" der Zuwendung Jahwes zu Welt und Menschheit zu vergegenwärtigen. Von daher hat es einen berechtigten Sinn, bei der Darstellung der Grundbotschaft des AT den

[10] Es ist sehr zu bedauern, daß in den neueren offiziellen Dokumenten der katholischen Kirche und auch in ihrer Verkündigung der gottgewollte Eigenname Jesus fast ganz verdrängt wird durch den Amtsnamen „Christus". Solches „Vergessen" ist in einer Zeit, in welcher das Zusammen von Sache und Sprache neu gesehen wird, ein bedauernswertes Zeugnis sowohl von „Bibelferne" wie von „Zeitferne". Zudem: Wer den Namen Jesus vergißt, wird auch leicht vergessen, daß die Kirche an Haupt und Gliedern „jesuanisch" zu sein hat.

Bogen der heilsgeschichtlichen Initiativen des Bundesgottes so abzuschreiten, wie er Israel schließlich aufgegangen und aufgeleuchtet ist, und den Einsatz beim „Einsatz aller Voraustaten" Jahwes zu wählen. Es gilt also zunächst, die dramatisch-bildhafte, vom „Bund" Jahwe–Israel her ätiologisch entworfene theologische Schau und Lehre von Gn 1–11 kurz anzuskizzieren.

a) Jahwe als Schöpfergott

Die biblische Urgeschichte wird durch zwei Schöpfungserzählungen eröffnet. Davon ist Gn 2, 4b–25 die ältere, und zwar jahwistische Darstellung (J, um 900 v. Chr.), die zugleich die Funktion eines Prologs zu Gn 3 (Sünde und Fall) hat. Gn 1, 1–2, 4a enthält die jüngere, nämlich die priesterschriftliche Beschreibung (P) der Anfänge (um 500 v. Chr.). Beide sind wegen ihrer mit Bedacht unausgeglichenen Unterschiede nicht naturhistorisch zu interpretieren. Gn 2 benützt das Weltbild der Beduinen und Halbnomaden als Rahmen und wählt darum als Ausgangszustand der Welt die trockene Wüste (in der dann die Oase des „Gartens von Eden" entsteht!); Gn 1 greift das Weltbild der sedentären Kulturen an den großen Strömen auf und läßt die Welt aus einem Wasserchaos entstehen. Auch in der Schilderung der *Abfolge* der „Schöpfertaten" ist eine handgreifliche Verschiedenheit der beiden Erzählungen festzustellen (z. B. ist in Gn 2 der Mensch das erste (= das „Erstbedeutende"!), in Gn 1 das letzte (und damit die „pyramidale Spitze") der göttlichen Schöpfungswerke. Mit ganz verschiedenen Stilmitteln und Einkleidungsformen stellen beide Darstellungen die Relation Gott–Welt als „Schöpfung" dar (aktivisch von seiten Gottes, passivisch von seiten der Welt). Belden aber ist die theologische Aussage gemeinsam, daß die Welt im ganzen wie im einzelnen die Schöpfung des Gottes ist, welcher sich Israel als Jahwe geoffenbart hat. Zwar verwendet nur Gn 2, 4ff den Namen Jahwe, aber auch bei Gn 1 ist es ganz evident, daß der Schöpfergott ‹'elohim› kein anderer als der „Gott Israels" ist. Der Verfasser unterstreicht dies noch dadurch, daß er das liturgische

Wochenschema zum Rahmen seiner „Schöpfungslehre" macht und in der Zehnzahl der Schöpferworte ein korrespondierendes Pendant zum Zehnwort der „Bundescharta" schafft.

Ist die Schöpfung so Tat des Heils- und Erlösergottes, dann ist der Kosmos nicht nur ein gewaltiges Zeugnis von seiner Macht und Weisheit, sondern auch von seiner Entschiedenheit, ein Gott für Welt und Mensch zu sein, ja er wird zur Erstgabe, die der liebende Gott für den Menschen bereitstellt. Darum hat die Schöpfung nach Gn 2 im Menschen ihren Mittelpunkt, nach Gn 1 ihren „Zielpunkt". Die „Erdenwelt" ist der Menschheit – ‹adam› bedeutet „Erdling"! – von Gott als Raum ihres Lebens und Waltens eingeräumt. Ist in den ostsemitischen Anthroposmythen der Mensch als „religiöses Wesen" entworfen, d. h. als Bediener der Götter in Speise-, Trank- und Duftopfern, so ist nach Gn 2, 15 selbst der Mensch des „Gartens von Eden" – später Paradies genannt – dazu berufen, diesen Garten „zu bebauen und zu behüten". Nach Gn 1, 26 findet die Ebenbildlichkeit des Menschen im „Herrschen an Gottes Stelle", also im Walten an der Welt ihren konkreten Ausdruck. Darum gibt der Gn 1, 26ff ausdeutende Ps 8 dem Menschen echte Königsprädikate (V. 6: „du hast ihn gekrönt mit Glorie und Glanz", V. 7: „Herrscher über deiner Hände Werk"). In diesem „Menschenbild" der Schöpfungserzählungen – es ist gegenüber den Mythen geradezu „säkularisiert" – leuchtet zugleich der Schöpfer als „Gott der Zuwendung zu Welt und Menschheit" auf. Hier wird auch der theologische Grund dafür gelegt, daß man in Israel Schöpfungs- und Heilsgeschichte nicht voneinander trennt. Deutero-Jesaja insbesondere verschränkt mit Bedacht beide Themata und feiert geradezu hymnisch die Identität von Schöpfer- und Erlösergott (vgl. Jes 40, 12ff; 44, 3ff 24ff u. a.)[11].

---

[11] Jahwes schöpferisches „Sprechen" schließt dabei alle seine „Taten nach außen" zu einem Ganzen zusammen. Dieses Ganze steht aber unter einem dominant soteriologischen Aspekt. Dieser Aspekt tritt zwar in der späteren Weisheitslehre zurück, geht aber nicht einfachhin verloren (vgl. Spr 8, 31 und die vielen in den Kommentaren verzeichneten Anlehnungen Ijobs an heilsgeschichtliche Texte).

Dies alles hat seine theologischen Konsequenzen: 1. Die Bibel, und zwar gerade in ihrer Vergegenwärtigung der „Anfänge", gestattet nicht, die „Schöpfungsordnung" und die „Erlösungsordnung" so zu unterscheiden, daß sie gewissermaßen zu getrennten Stockwerken werden. 2. Auf Welt und Materie – und damit auch auf der Leiblichkeit des Menschen – liegt in der Perspektive der altbundlichen Offenbarung keinerlei Schatten von Fragwürdigkeit oder Minderwertigkeit[12]. Das AT kennt keinen manichäistischen Dualismus. In seinem Offenbarungslicht ist die lange in der christlichen Theologie herrschende Bestimmung der Sünde als „Abwendung von Gott und Zuwendung zur Kreatur" überaus mißverständlich, ja kaum zu rechtfertigen. Wenn die Welt Schöpfung Gottes ist und der Schöpfer in ihr als Waltender überall am Werke bleibt, und zwar so, daß seine Schöpfungsmacht dabei im Dienst seiner liebenden Zuwendung zu Welt und Mensch steht, sind Gott und Welt nicht mehr absolute „Konkurrenten", zwischen denen der Mensch sich entscheiden müßte. Eine Entscheidung für Gott schließt eine Entscheidung zu Welt und Mensch mit ein. Weltdienst in solcher Perspektive ist zugleich „Gottesdienst", wie es endlich das Vaticanum II wieder erkannt hat und lehrt.

b) Jahwe als Heilsgott

Die priesterliche Schöpfungslehre von Gn 1 läßt zwar keinerlei Zweifel daran, daß in der Welt- und Menschenschöpfung bereits der „Bundesgott" am Werke ist und im Kosmos den Raum seiner Heilsgeschichte schafft – darum übrigens auch die sieben Gutheißungs- (Gn 1, 4.10.12.18.21.25.31) und die Segensformeln (1, 22.28) –, ja mit dem Kosmos die Zeit setzt („Am Anfang . . .") als die Hauptdimension der Geschichte und dies in 2, 4a mit der Verwendung des geschichtsbezogenen „Toledot"-Begriffs (hier im Sinne von „Schöpfungsgeschichte") resümierend unterstreicht,

---

[12] Im NT liegen die Dinge nicht viel anders. Wo „Welt" dort im negativen Sinn gebraucht wird, wie etwa in den johanneischen Schriften, ist die vom sündigen Menschen unter die Herrschaft der Sünde gestellte „Welt" gemeint.

so liegt der Akzent der Lehre von Gn 1 dennoch auf dem die Anfänge setzenden Schöpfungswalten. Die Bestimmung des Menschen als „Gottes Bild" (1, 26f) macht ihn „von Natur her" zum „Dialogwesen", das den Auftrag zur Weiterführung des Schöpfungswerkes erhält. Dieses Dialogverhältnis ist an sich im Raum der göttlichen Freiheit der verschiedensten Realisierungen und Auffüllungen fähig[13]. Die jahwistische Schöpfungserzählung in Gn 2, 4ff hat von Hause aus und erst recht im jetzigen Zusammenhang die Funktion, zu bezeugen, daß Jahwe von Anfang an mit der Menschheit einen gnadenhaften – weil allein in der Freiheit Gottes gründenden – „Sonderbund" einging, welcher dem Erwählungsverhältnis Jahwe–Israel nachgezeichnet wird. Die entsprechende Terminologie fehlt zwar, weil kein eigentlicher „Bundesschluß" (wie etwa in Ex 24) erfolgt, aber die von Gott der Urmenschheit gewährte Gemeinschaft – der Garten von Eden ist zugleich des Menschen wie Gottes Garten! (vgl. 2, 8) – weist der Sache nach ähnliche Grunddaten auf wie die Gemeinschaft „Jahwe–Israel". Der Mensch wird hier von Jahwe im voraus in die Heilssphäre gestellt, wie Israel bereits vor dem eigentlichen „Bundesschluß" von Jahwe aus Ägypten befreit und wie „auf Adlersflügeln" zum Gottesberg gebracht wurde (vgl. Ex 19, 4). Sodann wird der Mensch zur Entscheidung aufgerufen, in diesem „Heil" zu bleiben oder im Falle des „Nein" zugleich sein „Unheil" zu ergreifen, womit die Parallele zu Israel auf der Hand liegt (vgl. z.B. Ex 19, 5; 24, 7; Dt 28). Die Sünde, deren konkrete Gestalt sich im Bild des „Essens vom Baum der Erkenntnis des Guten und des Bösen" verhüllt – gemeint ist der Sache nach der Versuch des Menschen, seine geschöpfliche Grenze zu überschreiten und vorab die absolute Autonomie in der Erkenntnis und Bestimmung von „gut" und „bös" und damit von Heil und Unheil zu erlangen[14] –, gleicht dem „Bundesbruch" Israels im „Gelobten Land".

---

[13] Die dogmatische Anthropologie redet hier von der „potentia oboedentialis", deutet sie aber in ihrer Relation zur „Gnade" nicht ganz einheitlich.

[14] Vgl. *R. de Vaux,* Rezension von „La connaissance du Bien et du Mal et le péché du Paradis" von J. Coppens in: Revue biblique 56 (1949) 300–308. Diese vorwie-

Diese Sünde beginnt mit dem Unglauben: Eva glaubt dem Versucher, daß Jahwe nicht ein Gott heilvoller Zuwendung, sondern ein Gott eigensüchtiger Herrschaftsansprüche sei (vgl. Gn 3, 5f), sie glaubt also Jahwe seine „Zugewendetheit" nicht. Damit wird aber schon in der biblischen Urgeschichte das Thema vom Glauben als der unabdingbaren „bundespartnerischen" Grundhaltung des Menschen gegenüber dem Offenbarungsgott angeschlagen, das dann die ganze Heilsgeschichte begleitet und entscheidet (vgl. Gn 15, 6; Nm 14, 11; 20, 12; Jes 7, 9 u. a.).

Die weiteren Kapitel der Urgeschichte zeigen, daß die durch menschliche Schuld in die Urmenschheit eingebrochene „Sündenmacht" – das AT kennt nur diese Seite der späteren Erbsündelehre – eine die ganze Frühgeschichte prägende und sich darin noch steigernde Geschichtsmacht wurde, die Jahwe zu immer größeren Gerichten herausforderte. Ihre exemplarische Kulmination ist die von Jahwe verhängte Sintflut, von der sowohl J wie P – in allerdings verschiedener Weise [15] – berichten. Aber alle diese Gerichtserzählungen bezeugen noch auf ihre Weise, daß Gott „Jahwe", d. h. der „zugewendete Gott", bleibt. Darüber hinaus enthalten Gn 3–11 aber auch eine Reihe positiver Zeugnisse dafür, daß Jahwe sein prinzipielles „Ja" zum Menschen auch angesichts des je und je realisierten menschlichen „Nein" aufrechterhält und somit seine Gnade größer ist als sein Gerichtswalten. Darauf verweisen u. a. folgende Zeugnisse:

aa) Das sogenannte „Proto-Evangelium" von Gn 3, 15
Der Gottesspruch: „Feindschaft setze ich zwischen dir und der

gend „sittliche" Deutung mag gegenüber andern Interpretationen (vgl. *Cl. Westermann*, Genesis = Biblischer Komm. AT I, 330ff) als zu partiell erscheinen, sie ist aber von R. de Vaux neu und gut begründet und muß zumindest als die Pointe des umfassenden Ausgriffs nach unabhängiger „Daseinsmeisterung" (Westermann) angesehen werden.
[15] Nach J wird die Flut durch Regenfälle hervorgerufen, die 40 Tage andauern (7, 12; 8, 6), nach P bricht die Flut 150 Tage lang aus den Quellen der Tiefe und den „Fenstern des Himmels" hervor. Noch einige andere Differenzen liegen vor (vgl. z. B. 7, 2 (J) mit 6, 9; 7, 16!).

Frau, zwischen deinem Samen und ihrem Samen. Er wird dir den Kopf zertreten, und du wirst ihm nach der Ferse schnappen"[16], ist zwar der Form und dem Zusammenhang nach eindeutig eine Strafsentenz gegenüber der „Schlange"[17], aber damit ist über die volle inhaltliche Tragweite des Spruches noch nicht entschieden, wie die meisten heutigen Erklärer meinen. Wir haben nämlich den Spruch in das Gesamtbild der jahwistischen Theologie hineinzustellen. „Das Geschichtsbild des Jahwisten ist nachdrücklich das einer Heilsgeschichte. Die Geschichte beschreibt für ihn nicht einen hoffnungslosen Kreislauf, sondern wird von Jahwe auf ein Heilsziel zugesteuert."[18] In der Tat kann eine genaue Analyse des Spruchs[19] die Implikation eines soteriologischen „Heilshorizontes" erweisen, wenn der Jahwist damit auch kaum eine messianisch-christologische Aussage machen wollte.

bb) Die Androhung: „Am Tag, an dem du davon ißt, mußt du sterben" (Gn 2, 17), wird im Fortgang der Geschichte von Jahwe so nicht realisiert.

cc) Noch vor der „Vertreibung aus dem Garten", aber nach dem „Sündenfall" ist vom fürsorglichen Handeln Jahwes die Rede: „Und Jahwe Gott machte dem Menschen und seiner Frau Röcke von Fellen und bekleidete sie damit" (Gn 2, 21).

dd) Der Ausspruch der Frau nach Kains Geburt: „Ich habe einem Mann das Leben gegeben mit Jahwe" (Gn 4, 1), kann kaum anders verstanden werden, als daß hier die auch nach dem Gericht noch währende Zugewendetheit Jahwes bezeugt werden soll (vgl. ee–gg).

ee) Zu dem in schwerer Versuchung stehenden Kain spricht Jahwe heilswillig das Mahnungswort, sich nicht der versklavenden Macht der Sünde auszuliefern (Gn 4, 6).

ff) Nach dem Brudermord erweist sich Jahwe als „Blutsver-

---

[16] Ähnlich *Cl. Westermann,* a.a.O. 251.
[17] Ihre Einführung in die Szene als den Israeliten bekanntes Symbol des Fruchtbarkeitskultes weist Israel auf die Verführungsmacht des Baalsdienstes hin.
[18] *H. Haag,* Bibellexikon (Einsiedeln ²1968) 1420.
[19] Vgl. *A. Deissler* in: Oberrh. Pastoralblatt 55 (1954) 63 ff.

wandter" und damit als „Bluträcher" des unterdrückten Abel (Gn 4, 9), damit das durchgehende biblische Thema vom göttlichen „Anwalt der Gebeugten" eröffnend.

gg) Jahwe verhängt nicht, wie eine strikte Vergeltung es erforderte[20], den Tod über Kain, sondern nur die unstete Wanderschaft und schützt mit dem „Kainsmal" (einem Schutzzeichen!) sein Leben (Gn 4, 15).

hh) Jahwe nimmt Henoch, den Sohn des Kain, als vorgeschichtlichen Typus des „Gerechten" in seine endgültige Gemeinschaft auf (Gn 5, 22ff P)[21].

ii) Gegenüber „der groß gewordenen Bosheit der Menschen auf Erden" (Gn 6, 5 J) – „jegliches Gebilde ihrer Herzensgedanken war allezeit nur noch böse"! a.a.O.) – wird Jahwes Herz „bekümmert und bestürzt" (6, 6), und er gedenkt der Menschheit in einer riesigen Flut ein Ende zu machen. Aber das Gericht soll nicht total sein: „Noah fand Gnade vor den Augen Jahwes" (6, 8). So wird die Sintfluterzählung[22] ein Zeugnis dafür, daß Gottes Gnadenwille größer ist als sein ihm durch des Menschen Bosheit abgezwungenes Gerichtshandeln.

kk) Mit dem durch die besondere Fürsorge Jahwes gerechten Noah und seiner Sippe setzt Gott einen neuen Anfang seiner Geschichte mit der Menschheit. Das Zeugnis des Jahwisten für Jahwes aus dem Herzen kommende und ihn selbst gleichsam übermächtigende Zugewendetheit zum Menschen wird dabei so kühn, die Gnade, die zugleich jeder Vernichtungsflut für alle Zukunft einen Damm setzt, mit dem gleichen Motiv zu begründen wie das Gericht („Die Gebilde des menschlichen Herzens sind doch böse

---

[20] Vgl. Gn 9, 6; Nm 35, 30f u.a.

[21] P hat hier eine ältere Überlieferung aufgenommen, an welcher der auch in vorsintflutlicher Zeit wirksame Heilswille Gottes *illustriert* werden konnte.

[22] Sie ist in ihrer jetzigen Form aus Erzählfäden sowohl aus J wie aus P zusammengewoben und steht mesopotamischen Erzählungen, vorab dem Gilgamesch-Epos, sehr nahe. In ihnen verdichten sich die Erinnerungen der alten Mesopotamier an riesige Flutkatastrophen der Vorzeit, die in der biblischen Sintfluterzählung monotheistisch interpretiert und lehrhaft ausgewertet werden (kein historisches Protokoll!).

von Jugend auf" [8, 21, vgl. 6, 5]). Dieser Gnadenwille hält auch für den sündigen Menschen die für das Leben fundamentalen Ordnungen in der Natur aufrecht (8, 22). Die Priestertheologie (P) gestaltet diese Überlieferung aus und um: Gottes Zuwendung verdichtet sich in Gn 9 zu einem *„Bund"* mit der noachitischen Menschheit – und damit mit allen Völkern –, indem Gott sich selbst bindet (ohne direkte Gegenforderung!) mit der Zusage, „daß hinfort nicht mehr alles Fleisch von den Wassern der Flut vernichtet werde . . ." (9, 11). Zum bezeugenden Zeichen dieser heilsmächtigen Selbstbindung Gottes wird der Regenbogen gemacht, der als der niedergelegte Kriegsbogen Gottes (mythisches Motiv!) gedeutet wird[23]. Der „Noah-Bund" von Gn 9 ist Bürge dafür – ein Bürge im Gewand der Vorzeit, aber um so eindrucksmächtiger –, daß alle Völker vom Heilswillen umschlossen sind, dieser Heilswille also universal ist. Die Völker – und sie sind in Israels Augen „Heiden" – sind von Gott nicht einfachhin der Nacht des Verlorenseins anheimgegeben. Von hier aus gesehen, sind auch ihre Religionen nicht durch und durch negativ zu werten, wie dies zeitweise im Christentum oft unter Berufung auf das extrem pointierte Urteil von Röm 1, 22ff geschah.

Fassen wir das Zeugnis der biblischen „Urgeschichte" zusammen, so ist jene von manchen Sichtweisen kirchlicher Verkündigung beförderte Vorstellung zu revidieren, als habe das Nein des „Sündenfalles" – die Bibel kennt jedoch viele „Sündenfälle" der Vorzeit! – ein „Nein" Gottes zur Menschheit zur Folge gehabt. Jahwe war zu keiner Zeit nur ein „Gott der Sterne und der Blumen". Seine die Schöpfung ins Dasein und Sosein rufende Selbstbindung an Welt und Mensch ist nie von ihm zerrissen worden, auch nicht in seinen Gerichten. Noch sie testieren auf ihre Weise (vgl. Gn 6, 5) Gottes Engagement.

---

[23] Dieses Deutewort dürfte für den Gläubigen nie bedeutungslos sein, wiewohl es sich um kein in den Geschichtsablauf einzutragendes „historisches" Wort handelt. Worte können Dinge „verwandeln", d. h. in ihrer Bedeutung umstiften. Wer also als Gläubiger die Regenbogenerscheinung sieht und sie nicht im Lichte von Gn 9, 13ff „schaut", ist in diesem Punkt ein „Unhörsamer" gegenüber dem Schriftwort.

3. Das Zeugnis der Patriarchengeschichte (Gn 12–50)

Die Vätersagen[24] des Pentateuchs weisen einen doppelten Charakter auf: sie enthalten einerseits sehr alte, also vormosaische Stoffe, andererseits sind diese Stoffe im Lichte der späteren mosaischen und nachmosaischen Offenbarung überformt, gedeutet und damit theologisch gewertet und schließlich genealogisch zusammengeordnet worden. Für den Gläubigen ist dies unter dem inspirativen Beistand des Offenbarungsgottes geschehen. Daraus aber folgt, daß Israel und wir aus Gottes „Wort" zu erkennen vermögen, wie er die Geschichte der Väter auf das Erwählungsverhältnis Jahwe–Israel hin ausgerichtet hat. Aufs Ganze gesehen ist die Patriarchenzeit die Phase der Verheißung, der mit dem Auszug der Landnahme und der staatlichen Konstituierung Israels die Zeit der Erfüllung folgt. Um diesen letzteren Kern des Glaubensgutes legen Gn 12–50 einen ersten konzentrischen Kreis.

Ob der Begriff der „bᵉrit" (meist mit „Bund" übersetzt) zu den Überformungskategorien für den alten Stoff gehört oder nicht – wahrscheinlich ist er als eidliche „Selbstbindung" Gottes schon der vormosaischen Überlieferung zuzurechnen –, ist nicht sehr wichtig, weil die Traditionsschichten J, E und P in jedem Falle darin einig sind, daß das Heilsverhältnis Jahwe–Israel bereits in der Väterzeit grundgelegt wurde. Hier offenbart sich Jahwe – zumindest nach dem Inhalt seiner Bezeugungen – bereits als der heils- und segenswillige Gott, ja seine gemeinschaftstiftende Zuwendung zu den Vätern tritt z. T. noch stärker ins Relief als später,

---

[24] Die Stammvätersage ist eine der vorschriftlichen Zeit entsprechende und von ihr übernommene Überlieferung der „Stammvatergestalt" in der zugehörigen Sippe. Sie ist grundsätzlich den die Geschichte überliefernden Zeugnissen zuzurechnen, auch wenn sie in ihrer Weiterbildung Wesenszüge der tradierenden Gruppe ins Stammvaterbild einträgt und so den Stammvater zugleich zum Typus macht. Ihren schriftlichen Niederschlag fanden die einschlägigen Traditionen der Südstämme hauptsächlich bei J, die der Nordstämme bei E und die der Priesterschaften an den Heiligtümern bei P. In Gn 12–50 wurden dann aus allen drei Überlieferungssträngen – trotz ihrer Verschiedenheiten und Unausgeglichenheiten – ein Erzählungsganzes zusammengeflochten, wobei die Einzelstränge meist noch gut erkennbar blieben.

vorab auch dadurch, daß sein jeweils initiatives Handeln im Vordergrund steht und die Bindungspflichten des menschlichen Partners im Hintergrund bleiben.

Die Offenbarungsepoche, die den Alten und Neuen Bund umgreift, hat mit der göttlichen Berufung *Abrahams* eingesetzt [25]. Gottes Geheiß, das ihn auf einen neuen Weg stellt und darauf hält, entspricht einer großen Verheißung, welche die Abrahams- und die Vätergeschichte im ganzen thematisch durchzieht und zusammenbindet (vgl. Gn 12, 1ff; 13, 14ff; 15, 5.7.18; 18, 10; 22, 17; 26, 24; 28, 3f.13ff; 32, 13; 35, 9ff; 48, 16). Der im Raum der großen Imperien am Euphrat und Nil und der syro-palästinensischen Landbrücke zwischen ihnen waltende und frei verfügende Gott wendet sich erwählend Abraham zu und verheißt ihm zweierlei: seine Vermehrung zum Volk und den Besitz des Landes Kanaan. Dieses Heils- und Gnadenverhältnis erreichte nach der Überlieferung bereits die Form einer „b⁰rit" (eines „Bundes") [26].

Im Einsatz der Abrahamsgeschichte (Gn 11, 27ff; 12, 1–3) wird Israel durch den Jahwisten bereits klar gemacht, daß Gottes Zuwendung zu Abraham in einem universalen – also die ganze Menschheit umgreifenden – Heilshorizont geschieht. Dies geht schon aus der Stellung und Funktion dieses Textes hervor: er hat als „Klammer" die nun beginnende Schilderung der partiellen Heilsgeschichte Jahwes mit Israel an die „Urgeschichte" mit ihrer umfassenden Völkerkulisse zu binden, ja als deren Kulmination zu erweisen. Erst recht wird der umgreifende Ausgriff dieses speziellen Heilshandelns Jahwes an der Aussage offenbar: „In dir (sc. Abraham) sollen alle Geschlechter des Erdbodens sich als gesegnet erfahren" (12, 3) [27]. Abraham ist also nicht nur als „Stamm-

[25] Darauf bezieht sich im Rückblick Jes 51, 2: „Blicket auf Abraham und auf Sara, die euch gebar! Ja, als einzigen habe ich ihn gerufen, gesegnet und gemehrt."
[26] Die gängige Übersetzung von b⁰rit mit „Bund" hat sicher ihre großen Unzulänglichkeiten, scheint aber, aufs Ganze gesehen, immer noch die akzeptabelste Vokabel für die gemeinte Sache. Man muß sich dabei allerdings vor Augen halten, daß die Füllung dieses Begriffs je nach Überlieferungsschicht und Zeit ihre je verschiedene Akzentuierung erhalten hat.
[27] Die öfter anzutreffende Deutung: „sich Segen wünschen" wird in Anbetracht

vater eines großen Volkes" (12, 2) der Repräsentant Israels, sondern zugleich der Menschheit überhaupt. Diese universale Heilsperspektive wird später in prophetischen Texten bestätigt und mit neuen Lichtern erhellt (vgl. Jes 2, 2ff (= Mich 4, 1ff) Zeph 2, 11; Sach 8, 20f; 14, 16; Mal 1, 11; Jes 19, 19.21 u. a.)

Das bedeutsamste Zeugnis der Abrahamserzählungen für das bundeswillige Engagement Jahwes findet sich in Gn 15 [28]. Gewiß geht es dabei um die Landverheißung an Abraham, aber die Schilderung der Zuwendung Jahwes hat zugleich exemplarische und damit allgemeine Bedeutung. Der 1. Teil des Kapitels (V. 1–6) erneuert die Zusage der großen Nachkommenschaft (,,zahlreich wie die Sterne am Himmel") und erweist den Glauben – im Sinne von: Jahwe seinen Heilswillen glauben [29] – als die Grundantwort, die den Menschen zum ,,rechten" und damit ,,gerechten" ,,Partner Gottes" macht [30]. Nach diesem gleichsam eröffnenden ,,Prolog" folgt der gewichtigere Hauptteil als Landverheißungserzählung. Sie beruht auf einer wohl sehr alten Tradition über einen Visionsschlaf (sicher im Zusammenhang mit einem Inkubationsritual) an einem kanaanäischen Heiligtum. In ihm schaut der Stammvater, wie ,,ein rauchender Backofen und eine lodernde Flamme" (= Sinnbilder Jahwes in seiner Gegenwärtigkeit) zwischen den vorher geteilten Tierhälften hindurchgehen [31]. Der Sinn dieser für Abra-

des feierlichen Segenswortes (mit fünfmaliger Wiederholung der Wurzel ,,segnen") und späterer universalistischer Prophetentexte von G. v. Rad mit Recht als ,,trivialisierend" gekennzeichnet (Das erste Buch Mose = ATD, 2–4 [Göttingen ⁹1972] 122).

[28] Gewöhnlich nimmt man in diesem überlieferungsgeschichtlich schwierigen Kapitel eine – vielfach verschieden bestimmte – Verflechtung von ,,jahwistischer" und ,,elohistischer" Tradition an. Nach einer neueren Untersuchung von *N. Lohfink,* Die Landverheißung als Eid = Stuttgarter Bibelstudien, Bd. 28 (Stuttgart 1969), ist aber die elohistische Quelle nicht nachweisbar. Nach ihm hat der Jahwist darin älteres und z. T. bereits vorgeformtes Erzählungsgut verarbeitet.

[29] ,,Glauben" ist also biblisch zuerst und zunächst ,,dativisch" und erst dann ,,akkusativisch". Der Akkusativ (Glaubensinhalt) bezieht sich immer auf die Zuwendung Gottes und deren Realisierungen in der Geschichte.

[30] Vgl. die Ausführungen des Verfassers in ,,Ich werde mit dir sein" (Freiburg i. Br. 1969) 67–74.

[31] Den Schlüssel zum Verständnis dieses Phänomens liefert Jer 34: bei der feierli-

ham unerhört eindruckvollen Vision wird in 15, 18 gedeutet: „An jenem Tag hat Jahwe Abram einen Fluchsetzungseid geleistet bezüglich folgender Zusage: Deinem Samen gebe ich dieses Land, vom Strom Ägyptens bis zum großen Strom" (Übersetzung von N. Lohfink). Es gibt in der Tat im AT kein wuchtigeres Zeugnis für die radikale Entschiedenheit und das totale Engagement Gottes für das Gottesvolk und damit zugleich für den Menschen überhaupt als Gn 15, 7–21[32].

Die Stiftung eines Gemeinschaftsverhältnisses zwischen Gott und Abraham bezeugt auch die Priesterschaft (P), allerdings auf ihre eigene Weise, und zwar in Gn 17. Wiederum handelt es sich um eine Selbstbindung Jahwes, wenn V. 4 sagt: „Siehe, meine b^{e}rit („Bund") mit dir ist, daß du zum Vater eines Getümmels von Völkern werdest."[33] Dieser „Bund" soll als Selbstbindung Gottes für alle kommenden Geschlechter gelten, also ein „Ewigkeitsbund" sein (V. 7). Die „Bundesgaben" sind dabei wie in Gn 15 die Nachkommenschaft und das Land (V. 8). Mehr als J legt aber P Wert auf die der göttlichen Zuwendung entsprechende Inpflichtnahme des menschlichen Partners. „Wandere vor mir und sei ungeteilt (mit mir)!" ist hier das erste Wort an Abraham (17, 1). 17, 9–14 stellen als Grundverpflichtung Israels die Beschneidung alles Männlichen heraus, was in dieser Radikalität allerdings eine Übertragung der Verhältnisse zur Zeit der babylonischen Gefangenschaft (6. Jh. v. Chr.) in die Frühzeit bedeutet. Die frühisraelitischen Gruppen, die nach Ägypten kamen, lernten dort zwar die Beschneidung der männlichen Vorhaut kennen, gaben ihr aber si-

chen Selbstverpflichtung (b^{e}rit), die Sklaven freizulassen, schritten die Führer Jerusalems zwischen den Stücken eines Jungstieres hindurch (vgl. V. 19), was den Sinn einer Selbstverfluchung für den Fall des Eidbruches hatte: „Wie diesem Jungstier soll es mir ergehen, wenn ich dieses Abkommen breche!"

[32] In der christlichen Verkündigung spielt dieser dem Wissenden unvergeßliche Text keine entscheidende Rolle, wiewohl er theologisch ein Schlüsseltext zur Deutung des neubundlichen Kreuzesgeschehens ist. Daß zunächst nur Abraham angesprochen ist, tut der Tragweite des Textes keinen Eintrag; ist Abraham doch nach Röm 4, 11.18 „der Vater aller Gläubigen".

[33] P sieht also an dieser Stelle hinter Abraham nicht nur Israel, sondern auch die Völker (vgl. Gn 9 [Noah-Bund]).

64

cher noch nicht den Sinn einer Initiation in den „Gottesbund" und damit eines „Bundeszeichens"[34].

Eine jüngere Hand hat sodann in Gn 18, 19 ebenfalls den Akzent des „Abrahamsbundes" auf die Verpflichtung des menschlichen Partners gelegt mit dem Gottesspruch: „Ihn habe ich mir vertraut gemacht, daß er seinen Söhnen und seinem Hause gebiete, Jahwes Weg zu beobachten 'durch Übung von Gerechtigkeit und Recht, damit Jahwe das über Abraham bringen kann, was er ihm verheißen hat." Doch wollen solche pädagogischen Akzentverschiebungen nie verdecken, daß Jahwe in seiner Zuwendung selbst ein so Handelnder ist, wie er es vom Partner verlangt. Bei unserem Text ist dies ganz deutlich, weil er zwischen zwei berühmt gewordenen alten Schilderungen der Abrahamsgeschichte steht, zwischen der „Einkehr" Jahwes (in Dreiergestalt!) bei Abraham und seiner Sohneszusage (18, 1–16) einerseits und dem Zwiegespräch Abrahams mit Gott über das Geschick Sodoms andererseits (18, 20–33), in welchem Jahwe als der geduldige Zuhörende, vorab aber als der schlechthin heilswillige und gerade darum gerechte Gott auftritt (Vorstufe zu Hos 11, 8–9).

So paradox es klingen mag: selbst die bekannte (elohistische) Erzählung von der Gehorsamsprobe, der Jahwe Abraham unterzieht (Opferung Isaaks, Gn 22, 1–19) wird zu guter Letzt zu einem unerhört eindrucksvollen Zeugnis dafür, daß Jahwe ein ganz anderer ist als die Götter, die Kinderopfer fordern oder annehmen; wiewohl absoluter Herr über Leben und Tod (mysterium tre-

---

[34] Wie die hebräische Sprache noch erkennen läßt (Schwiegervater = [etymol.] Beschneider, Schwiegersohn oder Bräutigam = Beschnittener) und ebenso der merkwürdige Ausdruck „Blutbräutigam" in Ex 4, 25 (rätselhafter Text!), war die Beschneidung ursprünglich ein Mannbarkeitsritus, in welchem man die Geschlechtskraft der Gottheit weihte und so dämonischem Einfluß entzog, und ist dann in Israel wohl schon bald zu einem allgemeinen Weihezeichen geworden (worauf sich wohl Ex 4, 24 ff bezieht). Doch wurde sie anscheinend erst im babylonischen Exil (unter den unbeschnittenen Ostsemiten) das schlechthin entscheidende Unterscheidungs- und damit Zugehörigkeitszeichen zu Israel. Unter prophetischem Einfluß hatte bereits Dt 10, 16 vorab „die Beschneidung des Herzens" verlangt und damit einer Verabsolutierung des äußerlichen Ritus einen Riegel vorgeschoben.

mendum), ist er der frei und gnädig schenkende Gott des Lebens und der Zukunft (mysterium fascinosum).

Im Gegensatz zur reichen Abrahams- und Jakobstradition ist die Überlieferung von *Isaak* ausgesprochen spärlich. Im Grunde spielt sie nur die Rolle der Klammer zwischen den erstgenannten, obgleich sie als teilweise sehr alt angesehen werden muß. Die wenigen Isaaksgeschichten (vorab in Gn 26 gesammelt) kreisen aber alle um das gewichtige Thema: Der Gott Abrahams verleiht, seiner Verheißung gerecht werdend, Isaak Segen und allzeit hilfreiches Geleit.

Die Geschichte *Jakobs* zeigt in ihren verwickelten Abläufen nicht nur, daß hier viele und verzweigte Überlieferungen der israelitischen Gruppen diesseits und jenseits des Jordan sich verbunden haben[35], sondern als Schriftzeugnis zugleich dies: Jahwe verflicht als zugewendeter „Vätergott" souverän die verschlungenen Wege der Seinen zu seinem eigenen Wege in und durch die Geschichte.

Schon der Einsatz der Jakobsgeschichte ist merkwürdig, für viele sogar anstößig: Jakob überlistet seinen Vater, indem er sich als den Erstgeborenen ausgibt, und wird nach Erteilung des väterlichen Segensspruches zum Verheißungsträger (Kap. 27). Es wäre eine Fehldeutung, zu meinen, der Text beurteile diese Tat positiv, weil er sie nicht direkt verurteilt[36]. Er will vielmehr bezeugen, daß Jahwe in diesem Fall in souveräner Freiheit über die Schuld hinweggeht und sich, falls er es so will, auch nicht durch Menschen von seinem eigenen Weg abbringen läßt. Jakob empfängt am Beginn seiner Flucht aus dem Verheißungslande bei Betel ein Gnadenwort, das zwar in erster Linie dem späteren Israel

---

[35] Auf die Probleme, welche die „Doppelgestalt" Jakob/Israel (Jakob erhält nach Gn 32, 29 und 35, 10 den Namen Israel!) historisch aufwirft, kann hier nicht eingegangen werden. Jedenfalls sind beide Namen auch außerbiblisch als *Personennamen* bezeugt.

[36] In V. 36 wird, wenn auch im Munde Esaus, der Name Jakob als „Betrüger" gedeutet. Hos 12, 4 wirft Israel vor, daß es seinen Stammvater, der bereits im Mutterschoß ein Bruderbetrüger war, nachahme. Die Tat Jakobs kostet ihn, der vor Esau fliehen muß (Gn 27, 41 ff), 20 Jahre Exil.

gilt (28, 13f), aber doch auch ihm selbst (28, 15). Dieses „Siehe, ich bin mit dir!" wiederholt sich im Lauf der Geschichte immer wieder, ergeht z. B. an Mose (Ex 3, 12), an Josua (Dt 31, 23), an Gideon (Ri 6, 16), an David (2 Sm 7, 3.9), an das verbannte Gottesvolk selbst (Jes 41, 10). Die hier angesprochene bekannte Vision der Himmelstreppe (Gn 28, 10–22) hat über ihre Funktion in der Jakoberzählung hinaus eine große theologische Bedeutung. Mit den Darstellungselementen aus dem alten Weltbild wird hier geoffenbart, daß infolge der Entschiedenheit Gottes für Welt und Mensch der göttliche und der irdisch-menschliche Bereich keine schlechthin getrennten, sondern verbundene Größen sind und in einem geheimnisvollen Austausch miteinander stehen, der „Bund" also eine lebensvolle, wenn auch nur in der Entrückung wahrnehmbare Verbundenheit von Gott und Menschenwelt bewirkt. Noch freilich ist in Gn 28 die Zeit von Joh 4, 21ff (von Kultorten unabhängige Anbetung Gottes) nicht angebrochen, ja noch nicht einmal angezeigt. Noch steht die Himmelstreppe an einem lokal umschriebenen Ort des Gelobten Landes und legitimiert „Bet-el" (= Haus Gottes) als Heiligtum für Jakob und Israel. Und doch hat die auf solchen Texten basierende Tempeltheologie später im Jerusalemer Tempelweihegebet die Ortsgebundenheit der Zuwendung Jahwes und damit indirekt auch die der Zuwendung zu Jahwe dialektisch relativiert in dem erstaunlichen Wort: „Siehe, die Himmel und die Himmel der Himmel fassen dich nicht, um wieviel weniger dieses Haus!" (1 Kg 8, 27).

Die weitere Geschichte Jakobs im zwanzigjährigen Exil in Aram und dessen Beendigung wird sehr farbig und „weltlich" erzählt (Gn 29–32). Nur gelegentlich wird Jahwes Lenken und Handeln sichtbar gemacht, wie etwa in dem denkwürdigen Satz: „Als Jahwe sah, daß Lea ungeliebt war, öffnete er ihren Schoß, während Rachel unfruchtbar blieb" (Gn 29, 31)[37]. Erst bei der Rückkehr, an der Grenze der verheißenen Heimat, wird plötzlich eine Szene eingeblendet, die Jahwe und Jakob allein auf der

---

[37] Das durchgehende biblische Thema von Jahwe als dem Helfergott der „Gebeugten" leuchtet hier blitzartig auf.

Bühne des Geschehens sieht, ja sie in leibhaftigem Kampf miteinander darstellt (Gn 32, 23–33). Die von Jahwisten dabei verwendeten vorliterarischen Überlieferungsstoffe scheinen vielschichtig und haben wohl mehrere Fassungen durchlaufen. Indizien dafür weist der jetzige, nicht voll harmonisierte Text noch genug auf. Den Endverfasser hat es vor allem nicht angefochten, daß Jahwe hier als nächtlicher Ringer auftritt, gegen den Jakob seine letzten Kräfte – nicht ohne Erfolg – einsetzt. Bei seinem Wissen um die Transzendenz Gottes konnte diese Darstellung nur die Funktion haben, auf eine äußerste Weise dem Gottesvolk Israel zu bezeugen, daß Jahwe in seiner Zuwendung seinem menschlichen Partner das Recht und die Chance einräumt, mit ihm ein alle Kräfte anspannendes Ringen um Segen und Heil auszutragen und zugleich dabei eine gottgeschenkte Läuterung, ja Umwandlung zu erfahren[38]. Die fernere Jakobsgeschichte zeigt in der Tat den Stammvater als „Verwandelten" (vgl. vorab Kap. 35).

Den Abschluß der Vätererzählungen bildet die *Josefsgeschichte* (Gn 37–48 und 50). Sie ist von unverkennbar eigener Art. In ihr erscheinen nicht wie sonstwo vielerlei Traditionen, die nur leicht überarbeitet und kompositorisch reichlich lose miteinander verknüpft sind, sondern sie ist ein gut durchgearbeitetes Ganzes, so daß man gern von der Josefsnovelle oder gar vom Josefsroman spricht. Die Hand des am Hofe Salomons lebenden und stark von der Weisheitslehre beeinflußten „Jahwisten" ist hier am stärksten zu spüren. Sie erklärt wohl auch am besten – die Beziehungen zu Ägypten waren um diese Zeit sehr eng – das auffallend starke ägyptische Kolorit der Erzählung[39]. In ihr wird Jahwe – und darin

---

[38] G. v. Rad spricht von der „Paradoxie des weinenden, um Gnade flehenden Siegers" Jakob (Das erste Buch Mose = ATD, 2–4 [Göttingen ⁹1972] 264). – J. A. Strindberg (1849–1912) hat in seinem Ringen um den Glauben die Szene des Jakobskampfes für sich aktualisiert in dem Gebet: „Ewiger, ich fasse deine Hand und laß sie nicht, ehe du mich segnest. So segne mich und deine Menschheit, die leidet, leidet, leidet am Geschenk des Lebens; so segne mich, der litt am meisten, nicht sein zu können, der er wollte."

[39] Ihr Verhältnis zur wirklichen Geschichte wird verschieden bestimmt. Für ihre theologische Bedeutung ist dieses Problem zweitrangig.

unterscheidet sie sich von der übrigen Vätergeschichte – nur schemenhaft sichtbar auf der Bühne des Geschehens, und dennoch gewinnt sie in den die Ereignisse interpretierenden Worten Josefs einen hohen theologischen Rang. Der durch seine Schicksale geläuterte, von Jahwes Beistand insgeheim geführte große Gottesfürchtige bekennt in Gn 45, 5ff vor seinen Brüdern: „Grämt euch nicht und betrübt euch nicht, daß ihr mich hierher verkauft habt! Denn zur Rettung des Lebens hat mich Gott vor euch hergesandt . . ., um euch ein Übrigbleiben zu ermöglichen und um euch am Leben zu erhalten zu einem großen Entrinnen." Hier wird die Geschichte als Heilsgeschichte enthüllt, die sogar menschliche Bosheit noch in ihre Dienste zu nehmen vermag. In 50, 20 greift Josef dieses Thema wiederum auf und faßt es in die geniale Formulierung: „Ihr habt Böses wider mich geplant, Gott aber hat es umgeplant zum Guten." In diesem Satz gipfelt gewissermaßen die ganze Vätergeschichte; in ihm wird zugleich das Schlüsselwort zu aller Offenbarungsgeschichte artikuliert.

4. Das Zeugnis der Mosegeschichte

Das, was Israel wurde, ist es, so bezeugen es alle Überlieferungen, unter Mose geworden. Mit ihm bringen sie die Befreiung aus Ägypten (letztlich durch Jahwes „Großtat" am Schilfmeer, Ex 13, 17 – 15, 21), den „Bundesschluß" am Sinai-Horeb (Ex 19, 1 – 40, 38), die Wüstenwanderung, den Aufenthalt im Oasengebiet von Kadesch und die Landnahme in Ostjordanien (vgl. die Erzähltexte in Num und Dt) in eine unlösbare Verbindung[40]. Solch einem

---

[40] Die Exodus-Tradition und die Gottesbergüberlieferung wurden aus formgeschichtlichen Gründen neuerdings oft (besonders in der deutschen Exegese) als ursprünglich voneinander unabhängige, von separaten Gruppen überlieferte Traditionen angesehen. Extreme traditionsgeschichtliche Hypothesen suchten sogar Mose als Religionsstifter auszuschalten. Keine von beiden Thesen ist auch nur probabel, und beide erfuhren von der neuesten Forschung kräftigen Widerspruch. Die Streichung des Mose als der Stiftergestalt des Jahwismus hat jede geschichtliche und religionsgeschichtliche Wahrscheinlichkeit gegen sich.

Zeugnis – darin sind sich alle zünftigen Historiker einig – kann in seinem eigentlichen Kern nicht im Namen literar-, form- und traditionskritischer Hypothesen, die sich schon durch ihre Vielzahl als überaus hypothetisch erweisen, widersprochen werden [41]. Daß andererseits die einzelnen Perikopen nicht einfach historisch, ja nicht einmal im je selben Maße als „geschichtsträchtig" auszulegen sind, ist ein heute überall anerkannter Sachverhalt [42]. Ein theologisches Jahwezeugnis bleiben sie aber immer, welcher Gattung sie auch je zugehören. Sie bringen allerdings theologisch nicht immer den gleichen Ertrag. Darum seien hier nur die für uns wichtigsten Texte besprochen [43]. Dabei müssen auch die zur „Biographie" des Mose zu zählenden Erzählungen unberücksichtigt bleiben, sosehr auch in ihnen Jahwe als Gott der besonderen Zuwendung aufleuchtet [44].

a) Der Auszug und die Rettung am Schilfmeer

Die israelitische Mosegruppe gehörte zu den unter Ramses II. (ca. 1290–1230 v. Chr.) für seine Residenzbauten und Grenzbefestigungen eingesetzten Arbeitssklaven. Darauf zielt das Jahwewort

[41] G. Fohrer (sicher nicht zu den „Unkritischen" der heutigen Forschung zu zählen!) ist zuzustimmen: „Wenn Mose nach den verschiedenen Einzelanalysen mit dem Exodus, mit Midian, Qadesch und dem Sinaigeschehen sowie mit der ostjordanischen Landnahme von Anfang an verknüpft war, dann liegt es am Tage, daß das Gesamte der Moseüberlieferung, das eine Synthese von Exodus-Midian-Qadesch-Sinai-Landnahme bietet, von der geschichtlichen Wahrscheinlichkeit nicht so weit entfernt ist, wie man manchmal vermutet" (Geschichte der israelitischen Religion [Berlin 1968] 57f).

[42] Dazu gehört auch die Erkenntnis, daß die „Moseschar" nicht das ganze Zwölf-Stämme-Volk umfaßt, wohl aber historisch das „qualitative Israel", und damit konstitutiv für das altbundliche Gottesvolk wurde.

[43] Ex 3 (Namensoffenbarung) ist bereits ausführlich zu Wort gekommen (vgl. S. 48ff).

[44] Dazu gehört u. a. die Bewahrungslegende von Ex 2, 1–10. Sie hat ihre Parallelen in den Überlieferungen über andere bedeutende Persönlichkeiten des Alten Orients (vgl. A. Jeremias, Das AT im Lichte des alten Orients [Leipzig 1930] 400ff) vorab über Sargon I. von Akkad (vgl. H. Gressmann, Altorientalische Texte zum AT [Göttingen ²1926] 234f). Ihre Funktion ist es, Mose als den großen Berufenen Jahwes besonders anschaulich im göttlichen Heilsplan zu verankern.

an Mose: „Ich habe die Unterdrückung meines Volkes, das in Ägypten ist, gesehen. Ihr Wehegeschrei angesichts der Antreiber habe ich gehört. Ja, ich kenne seine Schmerzen. Ich bin herabgekommen, um es aus der Gewalt Ägyptens zu erretten . . ." (Ex 4, 7ff). Hier verdichtet sich das durchgehende biblische Thema von Jahwe als dem Anwalt der Schwachen und Gebeugten zu einem eindrucksvollen Zeugnis, das nicht Zusprache bleibt, sondern von Taten untersiegelt wird. Diese Taten ruft sich Israel in Erinnerung zunächst in den Erzählungen und liturgischen Lesungen über die bekannten „ägyptischen Plagen". Die nicht einheitlichen, ein langes und ausgestaltendes Wachstum verratenden Erzählungen darüber (vgl. auch Ps 78, 43–51; 105, 26–36) – übrigens eine Reihe immer wieder in Ägypten auftretender Katastrophen berichtend – wollen Jahwes unbedingt notwendigen Beistand illustrieren, ohne den eine kleine Volksgruppe beim Loslösungsversuch aus den Fangarmen einer imperialen Macht von vornherein verloren gewesen wäre. Als letzte und entscheidende Plage erscheint der Tod aller menschlichen und tierischen Erstgeburt Ägyptens (11, 4ff [J]; 12, 12ff [P]). Damit ist die Plattform erreicht, auf welcher der Bericht über das Passah-Opfermahl der Israeliten seinen Platz findet (12, 1–14 [P]; 12, 21–27 [J]). Dieser Ritus weist bereits in vormosaische Zeit zurück[45]. In der Nacht vor dem Aufbruch von den Winterweiden zu den Sommerweiden versammelten sich die Nomaden zu einem Erstlingsopfer ihrer Herden, wobei das Blut an die Zeltstangen gestrichen (zur Abwehr dämonischer Einflüsse) und das Fleisch von den Hirten gleichsam als Rüstmahlzeit gegessen wurde (Opfermahl als Zeichen von der Schutzgottheit gewährter Gemeinschaft und Verbundenheit). Dieser alte Brauch war damit höchst geeignet, in der Situation des Aufbruchs aus Ägypten – eines Aufbruchs, der anscheinend durch ein Zusammentreffen fataler Naturkatastrophen vom Herrenvolk widerwillig geduldet wurde – die Israeliten des besonderen Schutzes Jahwes

---

[45] Vgl. *H. Haag,* Vom alten zum neuen Pascha (SBS 49) (Stuttgart 1971).

zu versichern. Jedenfalls ist der alte nomadische Brauch von Israel auch nach der Landnahme und Seßhaftwerdung beibehalten worden, weil früh die Erinnerung an die Herausführung des Volkes „aus dem Sklavenhaus" damit verknüpft wurde, wie schon die älteste Traditionsschicht von J bezeugt (Ex 12, 21 ff)[46].

Die endgültige Befreiung der Moseschar aus dem Machtbereich Ägyptens brachte erst „die Großtat"[47] Jahwes am Schilfmeer. Sie steht im Zentrum des Blicks, wenn Israel der „Herausführung" gedenkt (vgl. u. a. Ps 114, 1 ff). Das wohl älteste Zeugnis davon legt die Kurzform des „Meerliedes" (Ex 15) ab: „Singet Jahwe! Denn hoch erhaben ist er. Roß und Wagenkämpfer warf er ins Meer" (15, 21). An der Schilderung des Ereignisses selbst in Ex 13, 17–14, 31 sind J, E und P beteiligt[48]. Die früheste Überlieferung (J) läßt erkennen, daß es sich dabei um ein „Konstellationswunder" handelt: ein starker Oststurm legt eine Furt (14, 21), die den Israeliten das Entkommen vor der ägyptischen Verfolgungstruppe ermöglicht, weil das Zurückfluten des Wassers für die Verfolger verhängnisvoll wird. Ein so seltenes Naturereignis gerade zur „Stunde des Schicksals", in der es um Sein oder Nichtsein ging, konnte von den Betroffenen gar nicht anders denn als Eingreifen Jahwes gedeutet werden; zudem war ein solches Errettungsgeschehen der Überlieferung nach von Mose im Namen Jahwes vorherverkündet worden (Factum = Praedictum). Die Moseschar und das von ihrer Glaubenserfahrung geprägte Israel sah in diesem Befreiungswalten Jahwes das fundamentale Ereignis der Heilsgeschichte, und dies im vollen Sinne einer Fundamentie-

---

[46] Am alten Ritual hat sich im Laufe der Jahrhunderte außer kleineren Anpassungen (vgl. Dt 16, 1–8) wenig geändert. Die entsprechende Festfeier wurde allerdings früh mit dem bäuerlichen Mazzot Fest („Fest der ungesäuerten Brote") verbunden.

[47] Israel hat kein eigentliches Wort für „Wunder", sondern kennt neben dem beständigen (und normalen!) Walten Jahwes nur seine „herausragenden" Taten.

[48] Man kann dabei gut erkennen, daß die jüngeren Erzählungen das Geschehen stärker ausmalten [vgl. 14, 29 (P): „Die Israeliten waren im Trockenen mitten durchs Meer gegangen, und die Wasser hatten ihnen wie eine Mauer zur Rechten und Linken gestanden" (vgl. 14, 27)].

rung der Zukunft, ja einer typischen „Voraustat" Jahwes für sein endzeitliches Heilsschaffen, wie vorab Deutero-Jesaja in seiner Ankündigung eines neuen Exodus bezeugt (vgl. 43, 16–21; 51, 9 – 52, 3; 52, 11 f u. a.).

Israel gedachte immerfort in Psalmodie und Gebet (Ps 78, 13; 114, 3.5; 106, 9.22; 136, 13 ff; Neh 9, 9 u. a.) des „Meerwunders"; die „Herausführung aus dem Sklavenhaus" wurde zum Hauptthema der Verkündigung (vgl. den Vorspruch des Dekalogs in Ex 20, 2; Dt 5, 6, ferner Dt 6, 12; 8, 14; 11, 4; 13, 6.11 u. a.) und des Glaubensbekenntnisses (Dt 6, 21 ff; 26, 7 ff). Auch die Propheten greifen immer wieder darauf zurück (vgl. Jes 10, 26; 11, 15 f; 43, 16 f u. a., Jer 2, 6; 7, 22.25; 11, 4.7; 16, 14; 23, 7; Ez 20, 5 f.9 f; Hos 11, 1; 12, 14 [49]; Am 3, 1; 9, 7 u. a.). Ein solch umfassendes und durchhaltendes Zeugnis hat auch alle historische Glaubwürdigkeit für sich [50]. Als Glaubenszeugnis („Jahwe als Gott der Hilfe und des Heils") aber ist es von höchstem Rang.

b) Die Gottesbegegnung am Sinai-Horeb [51]

In der sogenannten „Sinai-Perikope" (Ex 19–24) hat Israel sich das Hauptereignis der Wüstenwanderung vergegenwärtigt, das von ebenso fundamentaler Bedeutung für Israel ist wie der Auszug aus Ägypten [52], ja in der jetzigen Zusammenordnung, die im Kern und Prinzip als nur nachträgliche Kombination völlig unwahrscheinlich ist, als dessen „Erstlingsfrucht" erscheint. Ex 19–24 ist

[49] Dabei wird von Hosea auf die entscheidende Rolle des Mose verwiesen.
[50] Gelegentlich wird der Einwurf gemacht, daß ägyptische Quellen nicht davon berichten. Für den Kenner der Sachlage ist dies leicht erklärlich: 1. Es handelte sich für Ägypten keinesfalls um ein „Großereignis", da nur ein Sippenverband von höchstens ein paar tausend – eher ein paar hundert – Menschen betroffen waren. 2. Ägypten überliefert nie eigene „unrühmliche" Niederlagen.
[51] Die Lokalisation des „Gottesberges" (Ex 4, 27) ist nach wie vor umstritten. Die Überlieferung der Südstämme nennt ihn Sinai (J), die der Nordstämme Horeb (E und D). In D ist der Name geradezu zu einem Stichwort geworden.
[52] Vgl. die Kennzeichnung von M. Noth: „. . . die Gotteserscheinung am Sinai, die zu den fundamentalen Urdaten der besonderen Geschichte Israels gehört" (ATD, Bd. 5 [Göttingen ²1961] 123).

als Basistext des alttestamentlichen „Gottesbundes" aus allen vier Traditionssträngen (JEDP) zusammengewoben.

aa) Der „Adlerspruch" (Ex 19, 4–6) als „Bundesangebot"
Das eröffnende Schlüsselwort für die Vergegenwärtigung der Gottesbegegnung am Sinai findet sich als Jahwespruch in Ex 19, 4ff: „Ihr habt selbst gesehen, was ich den Ägyptern getan und wie ich euch auf Adlersflügeln getragen und euch hierher zu mir gebracht habe. Wenn ihr nun getreu auf meine Stimme hört und meinen ‚Bund' haltet, so werdet ihr unter allen Völkern mein Krongut sein; denn mein ist die ganze Erde. Ihr sollt mir ein Königreich von Priestern und ein heiliges Volk sein."
Welcher Überlieferungsschicht dieser bekannte Text zugehört, ist umstritten. Er ist und bleibt aber ein bedeutsames theologisches Zeugnis dafür, 1. daß in der Erwählung Israels zu einer Sonderlebensgemeinschaft mit Jahwe („Bund")[53] die Zuwendung Gottes zu Welt und Menschheit ihre sichtbarste und exemplarischste Gestalt gewinnt, 2. daß Jahwe vorgängig zur besonderen Zuwendung Israel zu ihm und seiner Verpflichtung auf ihn als gnädiger Befreier und „Erlöser"[54] an ihm handelt (göttliche „Gnade" vor dem „Gesetz" und dem entsprechenden menschlichen „Werk"!), 3. daß Israel, in den Raum der „physischen" Freiheit gestellt, sich in „moralischer" Freiheit zur angebotenen Lebensgemeinschaft entscheiden und – im Blick auf die im „Bundesangebot" enthaltene Verheißung – die „Entschiedenheit" Jahwes damit positiv beantworten soll.

[53] Das Wort b{e}rit ist allerdings erst in der deuteronomischen Bundestheologie (7. Jh.) zum theologischen Hauptbegriff für das „Zusammen" von Jahwe–Israel geworden. Die damit im Kern gemeinte Sache, nämlich die Entscheidung Jahwes zu einem Sonderverhältnis mit Israel einerseits und die Verpflichtung Israels für Jahwe andererseits gehört zu den Grunddaten der älteren Sinaiüberlieferung. Im „Ehebild" des Hosea (um 750 v.Chr.) wird sie besonders eindringlich beschworen.
[54] Später hat man die Befreiung aus Ägypten gern mit dem ursprünglich handelsrechtlichen Terminus „padah" (= auslösen, vgl. Hos 7, 13; 13, 14; Dt 9, 26; 13, 6 u.a.) und mit dem von Hause aus familienrechtlichen Verbum „ga'al" (= loskaufen, z.T. sogar „Bluträcher sein"!, vgl. Ex 6, 6; 15, 13; Jer 31, 11 und vorab Dt-Jes) gekennzeichnet.

Leider ist am Schluß des „Adlerspruches" (V. 6) der ursprüngliche Sinn der Zusage, Israel solle „ein Königreich von Priestern
und ein heiliges Volk" sein, schwierig zu ermitteln. Er hängt davon
ab, ob beide Begriffe synonym[55] oder komplementär[56] gemeint
sind. In Jes 61, 5 f wird allerdings, vielleicht mit Bezugnahme auf
unseren Text, der zukünftigen Jerusalemer Kultgemeinde der
Priesterdienst unter der Völkerwelt zugesprochen.

bb) Die „Bundescharta"[57] des Dekalogs (Ex 20, 1–17)
α) *Der Dekalog als Wachstumsgebilde.* – In der jetzigen Sinai-
perikope folgt nach der Schilderung der gewaltigen Gotteserscheinung am Sinai, auf den „Jahwe im Feuer herabkam" (19, 18), in
20, 1 ff jene Wortoffenbarung, die in Dt 4, 13 und 10, 4 (vgl. Ex
34, 28) „die zehn Worte" (= Dekalog) genannt werden. Dieses
Zehnwort ist noch einmal in Dt 5, 6–21 überliefert.

Vergleicht man beide Fassungen miteinander, ergeben sich folgende Feststellungen: 1. Der Rahmung nach paßt der deuteronomische Dekalog, wiewohl er Form und Funktion eines Zitats hat –
er wird als Gottesrede in einer Moserede zitiert – besser in den
Kontext als in Ex 20, 1 ff[58]. Er ist in Ex also später an die jetzige
Stelle gekommen, um als Kerntext der Wortoffenbarung am Sinai
zu fungieren[59]. 2. Beim Verbot des Begehrens wird die Frau des

[55] Diese verbreitetste Auslegung (Israel = das Priestervolk unter den Völkern)
wird u. a. von Buber, Junker, H. Schneider, Wildberger, J. B. Bauer, J. H. Elliot,
Noth, Perlitt vertreten.
[56] Für die Aussage: „Israel = Volk unter priesterlicher Führung" plädieren W. L.
Moran, A. Cody, H. Cazelles, W. Beyerlin, G. Fohrer.
[57] Die damit getroffene Kennzeichnung des Dekalogs ist nicht einfach synonym
gemeint zum Begriff des „Bundesformulars", wie es aus den hethitischen und assyrischen Vasallenverträgen neuerdings erhoben und der Interpretation der atl.
Bundestexte zugrunde gelegt wurde (vgl. vorab *K. Baltzer,* Das Bundesformular =
Wissenschaftl. Monogr. z. AT u. NT, Bd. 4 [Neukirchen ²1964]).
[58] Vgl. Ex 19, 25 und 20, 1! Auch knüpfen 20, 18–21 nicht an den vorausgehenden
Dekalog an, sondern an die Theophanie von 19, 16 ff.
[59] „. . . womit über sein Alter und seine Herkunft noch gar nichts ausgesagt ist,
zumal er in jedem Falle eine in sich geschlossene und selbständige Einheit darstellt,
die anfangs gewiß ihre eigene Überlieferung gehabt hat" *(M. Noth,* Das Zweite
Buch Mose = ATD, Bd. 5 [Göttingen 1959] 124).

Nächsten in Ex 20, 17 unter seine Güter subsumiert und nur das Verbum „ḥamad" (= begehrend einer Sache sich zu bemächtigen versuchen) verwendet, während Dt 5, 21, das Verbot aufspaltend, die Frau aus der Aufzählung des Besitzes herausnimmt und in bezug auf ihn das stärker interiosierende Wort „'awah" (hitp.) (= Gelüst haben) verwendet. 3. Beim Sabbatgebot (Ex 20,8; Dt 5, 12) – jeweils mit verschiedenen Verben formuliert! – ist die Begründung in Ex 20 „liturgisch" (Hinweis auf die „Schöpfungswoche"), in Dt 5 „sozial" (Ausruhen auch der Sklaven unter Verweis auf Israels Sklavenschaft in Ägypten und die Befreiung daraus).

Schon aus diesem sprachlichen und inhaltlichen Vergleich beider Texte geht hervor, daß der Dekalog seine eigene Wachstumsgeschichte hat, wobei in Ex 20 (abgesehen von der priesterlichen Sabbatkommentierung) die ältere Fassung vorliegt. Aber auch formal erscheint das Zehnwort als solches „uneinheitlich". Die negative Fassung (Prohibitiv: du wirst nicht = du sollst nicht) herrscht vor, nur Sabbat- und Elterngebot sind positiv gefaßt. Doch reicht dieses Phänomen nicht aus, um einen verschiedenen Ursprung anzunehmen[60]. Auffallend ist sodann die Zweiteilung in Verpflichtungen gegenüber Gott und solche gegenüber der menschlichen Gemeinschaft, wobei letztere z. T. sehr knapp formuliert sind. Wegen dieser Zweiteilung allein aber auf mehrere ursprünglich getrennte Reihen zu schließen, geht jedoch kaum an[61].

Das Alter des Dekalogs ist infolge der aufgezeigten Tatbestände in der Forschung umstritten[62]. Es lassen sich Datierungen

---

[60] Schon in Sumer, erst recht in Babylonien finden sich Reihungen von negativen und positiven Geboten (vgl. *E. Gerstenberger,* Wesen und Herkunft des „Apodiktischen Rechts" = Wiss. Monogr. z. AT u. NT, Bd. 20 [Neukirchen 1965] 133, 135).

[61] Freilich wird dabei meist ein von unseren Fassungen verschiedener (einfacher) Urdekalog angenommen. Von ihm sagt H. Cazelles: „Es liegt kein Grund vor, ihn in der Form seiner apodiktischen Imperative dem Moses . . . abzusprechen" (*Haag,* Bibel-Lexikon [Einsiedeln ²1968] 322).

[62] Die formgeschichtliche Forschung gerät trotz ihrer Ausschau nach dem „Sitz im Leben" oft in Gefahr, den Blick für das konkrete Leben mit seinen vielen Möglichkeiten und „Mischungen", die sich jeder Destillierung und Purifizierung ent-

für alle Jahrhunderte von der Mosezeit (13. Jh.) bis zum Exil (6. Jh.) finden – ein Zeichen für die Schwierigkeit der Dekalogproblematik. Klarere Erkenntnisse in dieser Frage schien eine Zeitlang der Vergleich mit den hethitischen und assyrischen Vasallenverträgen zu bringen, deren „Formular" folgende Strukturelemente enthält: Präambel (Name und Titel des Lehnsherrn) – Vorgeschichte des Vertragsabschlusses – Grundsatzerklärung – Einzelbestimmungen – Anrufung der Götter als Zeugen – Fluch und Segen. Eine gewisse formale Verwandtschaft unseres Dekalogs mit diesem Vertragsformular ist nicht abzustreiten. Aber erlaubt sie die Annahme einer genetischen Abhängigkeit? Der Blick auf die ebenfalls zu konstatierenden Unterschiede und die jeweiligen geschichtlichen und sozialen Gegebenheiten veranlaßt eine Reihe von Forschern, skeptisch zu sein und zumindest die Annahme eines sinaitisch-mosaischen „Bundesformulars" zu negieren. Für die Zeit um und nach 700 liegt die Sache etwas anders: den deuteronomischen Verfassern waren die assyrischen Vasallenverträge – die Könige in Samaria und Jerusalem waren zeitweise Vasallen des assyrischen Großkönigs – bekannt. Es wäre durchaus denkbar, daß zum wenigsten die starke Profilierung des Dekalogs als „Bundesurkunde" in der deuteronomischen Theologie einen ihrer Impulse in dieser Kenntnis hatte, was freilich nicht besagen kann, der Jahwebund sei damit zu einem eigentlichen Vertrag umgedeutet worden.

Um die Frage nach der Geschichte des Dekalogs und seines Einwachsens in die Sinai-Horeb-Überlieferung „historisch" zu beantworten, wird man immer noch am besten von biblischen Tatbeständen selbst ausgehen. Sicherer Boden, von dem man das Rücktasten versuchen muß, ist das Faktum, daß seit dem Deuteronomium „Bund" und „Buch" (Bundesurkunde) eng zusammengehörige Größen sind. Das wird am sinnenfälligsten bezeugt

---

ziehen, zu verlieren. Es ist und bleibt selbst in einer konservativen Gesellschaft nicht alles „konventioniert". Vorab in der Dekalogforschung sollte man angesichts des Reichtums der Möglichkeiten, Lebensstränge zu verflechten und dabei Redeformen zu „verpflanzen", sorgsamer mit der Vokabel „unmöglich" umgehen.

in dem deuteronomistischen Bericht von 2 Kg 22f, wo bei der feierlichen „Bundesverpflichtung" des Volkes durch König Josia „das Buch des Bundes" – sicherlich das deuteronomische Gesetzeskorpus! – eine konstitutive Rolle spielte (2 Kg 23, 3f.24). Das jetzige Deuteronomium aber betrachtet den Dekalog als den Kristallisationskern des so verstandenen „Bundes" und „Buches" (vgl. Dt 4, 13; 5, 22), d. h. als die eigentliche „Bundescharta", die nach Dt 10, 4f auf Tafeln geschrieben in der „Lade des Bundes" (Dt 31, 9 u. a.) aufbewahrt wurde. Ihre – abgesehen von der priesterlichen Kommentierung des Sabbatgebotes – ältere Fassung liegt in Ex 20, 1ff vor und ist dort in einen E-Text eingeschoben [63]. Als Gesamtform verweist das „Zehnwort" auf den Kult als seinen „Sitz im Leben", jedenfalls ist es als feierliche Verkündigung im Festkult der Jahwegemeinde am besten zu verstehen. Hat der Dekalog diese anskizzierte zentrale Stellung erst im 7. Jh. empfangen, oder ist er in dieser Gestalt samt der entsprechenden „Bundestheologie" gar erst jetzt als fiktive mosaische Willensoffenbarung Jahwes entstanden? [64] Neuere Formuntersuchungen haben erwiesen, daß die für den Dekalog charakteristische Form der apodiktischen Weisung („du wirst nicht – du wirst") ursprünglich nicht im Kult (A. Alt und seine Schule), sondern im Sippenethos der nomadischen Großfamilien [65] beheimatet ist und auch im weisheitlichen Milieu Ägyptens vorkommt [66]. Fordern dann aber die Integration in eine Jahwerede, zum kultischen Vortrag im Jahwevolk und zu dessen Unterweisung auch außerhalb des Kultes bestimmt, und das Anwachsen zu einer Zehnerreihung einen so langen geschichtlichen Weg, wie man öfter annimmt? Oder plädiert die

[63] Darum sprach und spricht man auch vom „elohistischen" Dekalog.

[64] Dies wird neuerdings von L. Perlitt in „Bundestheologie im Alten Testament = Wiss. Monogr. z. AT u. NT, Bd. 36 (Neukirchen 1969) mit beachtenswerten Gründen, aber auch mit beachtlicher Selbstsicherheit, nachzuweisen versucht.

[65] Vgl. *E. Gerstenberger,* Wesen und Herkunft des „Apodiktischen Rechts" [Neukirchen 1965]. Vgl. auch Elliger in: Zeitschrift für atl. Wissenschaft 67 (1955) 8 (betr. Lv 18, 7ff).

[66] Vgl. *G. O. Botterweck,* Form- und überlieferungsgeschichtliche Studien zum Dekalog, in: Concilium 1 (1965) 392–401.

Übernahme der ethischen Gemeinschaftspflichten, die sowieso im Alten Orient und erst recht in einem Sippenverband wie der auf Jahwe eingeschworenen Moseschar nicht „profan" gewertet wurden, in das Zentrum der „Bundesweisung" und „Bundesverpflichtung" wirklich gegen eine frühe Ansetzung?[67] Nach Israels unwiderlegbarem Zeugnis bedeutet die Sinaitheophanie eine Inpflichtnahme Israels durch Jahwe. Eine Inpflichtnahme ist jedoch nicht denkbar ohne formulierte Pflichten. Daß es dabei zunächst um die Bindung an Jahwe allein geht und damit um das Abschwören anderer Götter (vgl. die 1. Weisung = Grundgebot) ist selbstverständlich. Warum soll aber gerade das, was Existenz und Fortbestand einer solchen Jahwegemeinschaft als Sippen- und Volksgemeinschaft ermöglicht – und darauf beziehen sich die Weisungen IV (bzw. V)[68] – X – nicht auch von Anfang an als ausdrücklicher Jahwewille deklariert werden? Die frühen Schriftpropheten des 8. Jh. bezeugen jedenfalls einhellig, daß die Erwählung Israels zugleich eine Verpflichtung Israels auf das mitmenschliche Ethos war (vgl. Am 3, 2 mit 2, 6f; 3, 10.12.15; 4, 1; 5, 7.10.12.24 u. o.; Hos 4, 1ff; 6, 6; Jes 1, 10ff; 5, 1–7 Mich 2, 1ff; 3, 1ff). Gewiß zitieren sie (mit Ausnahme von Hos 4, 1ff) nicht unsern Dekalog und bestätigen ihn damit nicht in seiner jetzigen Gestalt, aber die Wucht, mit der sie Israel im Namen Jahwes anklagen und geradezu zum Tode verurteilen, erhält ihr Gewicht von Anfang an (vgl. Amos) nicht nur vom religiösen Abfall von Jahwe, sondern mindestens ebensosehr von der Beugung und Unterdrückung des Mitmenschen im Rechtswesen und im wirtschaftlich-sozialen Zusammenleben. Damit stimmt die in ihrem Grundbestand noch ins 10. Jh. weisende Geschichte der Auseinandersetzung des Propheten Nathan mit David (2 Sm 12) überein, in der die Verbote des

---

[67] Sowohl Gerstenberger wie Perlitt vertreten diesen Standpunkt.
[68] Die hebräische Überlieferung kennt nur das Zehnwort als Ganzes. Die Numerierung der Weisungen erfolgte in der Nachwelt verschieden. Das Judentum zählt bereits die Einleitung als Nr. I und das Verbot fremder Götter und Bilderverbot als Nr. II. Die katholische und ev.-lutherische Zählung nimmt Fremdgötter und Bilderverbot zusammen (Nr. I) und spaltet das 10. Gebot in zwei Gebote, während die Orthodoxen und Reformierten umgekehrt verfahren.

Begehrens, Ehebrechens und Mordens als „Jahwerecht" eine entscheidende Rolle spielen. Das frühe Prophetentum hat also genau das Fadenkreuz im Visier, das den Dekalog auszeichnet und kennzeichnet: die unlösbare Verbindung der „Vertikalen" (später als „Jahweliebe" interpretiert, Dt 6, 5) mit der Horizontalen (später als „Nächstenliebe" bezeichnet, Lv 19, 18.34, vgl. Röm 13, 9). Wenn Hosea (um 750 v. Chr.) das Fehlen an „Treue", „Liebe" und „Gotteserkenntnis" („Wissen um Gott") mit Verfluchen, Morden, Stehlen, Ehebrechen gleichsetzt (4, 1ff) und darum ein sogar kosmisch koloriertes Strafurteil ankündigt, setzt er offensichtlich voraus, daß Israels „Gott von Ägypten her" (12, 10) diesen seinen Willen weisungshaft kundgetan hat, und dies doch nicht später und allmählich. Es ist sogar im höchsten Grade wahrscheinlich, daß er damit auf eine unserem Dekalog nahestehende Zusammenfassung der Willensoffenbarung Jahwes rekurriert. Der Einwand, daß die Reihenfolge dagegen spreche, ist gegenstandslos, da auch Jeremia, der unser Zehnwort gekannt haben muß, in 7, 9 sich nicht an die Reihenfolge hält, sowenig wie übrigens Paulus in Röm 13, 9[69]. Auch die „überlieferungsgeschichtliche" Einrede[70], es habe viele Prohibitivreihen gegeben, wie ein Blick auf das Bundesbuch zeige, verfängt wenig angesichts der materiellen Übereinstimmung von Hos 4, 2 und Jer 7, 9 einerseits und des Fehlens einer entsprechenden Reihe im „Bundesbuch" (Ex 21–23) andererseits.

Nach alledem hat der Schluß alle Wahrscheinlichkeit für sich, daß die Moseschar den „Jahwismus" in seiner religiös-ethischen Zweidimensionalität bereits aus der Wüstenzeit mitgebracht und Gesamtisrael vererbt hat. Unser Dekalog muß also trotz seines Charakters als eines Wachstumsgebildes, das seine heutige Gestalt erst im 7. Jh. fand, als im mosaischen Erbe angelegt betrachtet werden. Ein mosaischer „Urdekalog" oder zumindest eine lapidare,

---

[69] Ähnlich liegt der Fall in Mt 19, 18; Mk 10, 19; Lk 18, 18. Dies beachten die Kritiker von H. Gese, für den Hos 4, 2 ein sicherer Hinweis auf den Dekalog ist (Zeitschrift für Theologie und Kirche 64 [1967] 122), zu wenig.

[70] Vgl. *L. Perlitt*, Bundestheologie im AT 98 Anm. 6.

einprägsame Reihung der Grundweisungen für das Jahwevolk ist also kein „Hirngespinst". Insofern ist die alttestamentliche Überzeugung vom prinzipiellen „Zusammen" von „Jahweoffenbarung" und zweidimensionaler „Jahwewillensoffenbarung" schon bei Mose nicht einfach eine historische Fiktion.

β) *Die theologische Bedeutung des Dekalogs.* – Wie die vorausgehenden Darlegungen wahrscheinlich machten, steht der ethische Dekalog, wiewohl literarisch später eingeschoben, auch mit einem guten Teil historischen Rechts in der Sinaiperikope. Daß er theologisch einen zentralen Rang einnimmt, ist unbestritten. Die deuteronomistische Schule hat in ihrer konsequenten Ausfaltung des Verhältnisses Jahwe–Israel zu einer großangelegten „Bundestheologie" ihm den Rang der „Bundescharta" schlechthin zugewiesen[71], zu dem ihn mosaisches und prophetisches Erbe prädestinierten. Nach Form und Inhalt ist im Dekalog die Zuwendung Jahwes zu Israel und Israels zu Jahwe sichtbar und fest verknotet. Er besteht nämlich grundsätzlich aus zwei Teilen: einmal aus der „Selbstvorstellung" Jahwes und zum andern aus den Grundweisungen des Offenbarungsgottes.

αα) Die Selbstvorstellung Jahwes. – „Ich bin Jahwe, dein Gott, der ich dich herausgeführt habe aus dem Land Ägypten, dem Sklavenhaus" (Ex 20, 2; Dt 5, 6), ist der wahrhaft grundlegende erste Satz der „Bundescharta", der nicht mit einem nur einleitenden Auftakt zu verwechseln ist[72]. Er hat, insbesondere in der Verkündigung in der Kultgemeinde, geradezu den Rang eines altbundlichen „Evangeliums". Schon der Name Jahwe läßt die Botschaft vom zugewendeten Gott aufklingen[73]. „Dein Gott" weist Israel nicht nur auf seinen verpflichtenden Herrn und „Eigner" hin, sondern gewährt dem Gottesvolk und seinen Gliedern das „Recht",

---

[71] Der Dekalog wird in Dt 4, 13; 5, 2.22 u.a. als berit bezeichnet.

[72] Er entspricht in etwa der Präambel plus Vorgeschichte der Vasallenverträge. Doch muß er ihnen deswegen – historisch gesehen – nicht nachgebildet sein. Denn eine „Vorstellung" des Weisenden und Verpflichtenden liegt in der Natur der Sache. Der Modus der „Selbstvorstellung" entspricht genau der „Jahweoffenbarung" durch Wort und Tat, wie sie die Moseschar erfahren hat.

[73] Vgl. die Ausführungen über die Namensoffenbarung S. 48 ff.

zu Jahwe „mein Gott" sagen zu dürfen. Mit Emphase machen darum die Psalmisten von diesem Recht Gebrauch [74]. In der Befreiung des Fronvolkes aus der Bedrückung Ägyptens hat Jahwe seine Entschiedenheit und seinen Zugehörigkeitswillen zu Israel und damit sein „Jahwe-sein" unvergeßbar in einer fundamentalen Heilstat bezeugt [75]. Mit ihr ist für Israel seine Geschichte als Gottesvolk in Gang gesetzt worden als ein Anfang voller Zukunftsträchtigkeit und Verheißung, in welchem sich die weitere und schließlich endzeitliche Zuwendung Jahwes anmeldet und vorausspiegelt [76]. Durch dieses Erlösungshandeln Gottes weiß sich Israel vorgängig zu allen eigenen „Leistungen" in die Sphäre des Lebens und Heils gestellt, und daran wird es durch die Verkündigung dieser Frohbotschaft an den Hauptfesten beständig erinnert [77]. Zugleich fällt dabei ein entscheidendes Licht auf das anschließende Weisungskorpus (Gebote): diese göttlichen Grundweisungen sind trotz ihres Verpflichtungscharakters nicht einfachhin ein „Octroi" oder eine den Menschen eingrenzende hoheitliche Gehorsamsforderung des „obersten Herrn und Gebieters", sondern sind die heilvollen „Weg-Weisungen" des Erlösergottes, der hiermit die Grenzen der gewährten Heilssphäre zum Unheilsbereich und so zugleich die Wege „von Heil zu Heil" markiert. Von daher ist es leicht begreiflich, daß die „Torah" als Wegweisung Jahwes den gläubigen Israeliten als etwas „Rettendes" und als eine Licht und Leben schenkende Größe erscheint (vgl. Ps 1; 19 und 119).

[74] Vgl. Ps 3, 8; 5, 3; 7, 2; 13, 4; 18, 7.30 + ca. 40mal: „mein Gott". Ps 18, 32 + ca. 35mal: „unser Gott".

[75] Vgl. Ex 19, 4 („Adlerspruch").

[76] Man kann unter diesem Blickwinkel sagen: Das altbundliche „Evangelium" enthält implizite die ganze zukünftige Heilsgeschichte und damit auch den Neuen Bund, der in Jesus dem Christus endzeitliche Wirklichkeit wird. Das Verhältnis AT/NT ist also mit den üblichen Kategorien „Gesetz/Evangelium" (trotz Paulus!) oder „Vorgeschichte/eigentliche Geschichte des Heils" nur unzureichend erfaßt und geradezu gefährlich einseitig bestimmt.

[77] In der christlichen katechetischen Verkündigung hat man leider diese geschichtliche Erlösungstat und damit die Selbstvorstellung Jahwes als des Heils- und Erlösergottes unterschlagen, was den Dekalog in ein falsches Licht stellte. Nur der „Heidelberger Katechismus" (1563) ordnet ihn richtig ein unter der Rubrik: „Von der Dankbarkeit".

ββ) Die Grundweisungen Jahwes. – Enthält die Selbstvorstellung Jahwes in der Bundescharta zugleich eine göttliche Selbstverpflichtung auf den „Bund" (vgl. Gn 15, 17f), so hat der Weisungsteil – der Dekalog im engeren Sinn – die Funktion, die Pflichten des menschlichen „Partners" in der gewährten Gemeinschaft mit Gott zu formulieren.

Eröffnet wird der Dekalog durch die alle anderen Weisungen tragende fundamentale Anweisung (1. Gebot!) der Zuwendung zu „Jahwe allein!"[78] Dabei geht es nicht zuerst um Opferkult und Gebet, sondern um die ganze personale und existentielle Entscheidung zum Erlösergott als dem „einzigen Jahwe" (vgl. das Schᵉma von Dt 6, 4)[79]. Die drei Weisungen, die sich anschließen, konkretisieren diese Bindung an Jahwe: keine Bilderverehrung – kein Mißbrauch des geoffenbarten Namens zu Magie und Meineid – Einhaltung des Sabbats als „Tag des Ruhens und Feierns" und damit als „Freizeit (frei von Erwerb und Produktion!) für Jahwe"[80].

Diese ersten Weisungen der Bundescharta – in der späteren Tradition der „ersten mosaischen Tafel" zugeteilt – haben die Weisen des unmittelbaren „Ja" des Gottesvolkes im Auge („Pflichten gegen Gott"), also die sogenannte „Vertikale". Doch trifft dieses „Ja" auf keinen „Gott an sich", sondern auf „Jahwe", d.h. auf den Gott der Entschiedenheit für Welt und Mensch. Darum ist es nur konsequent, daß in der Verehrung eines solchen Gottes seine radikale Zuwendung zum Menschen bejaht und ebenso radikal aufgenommen werden muß. Dies haben die weite-

---

[78] Hier liegt ein Analogon zur sogenannten Grundsatzerklärung der Vasallenverträge vor.

[79] In den Religionen der Umwelt findet sich nirgendwo eine solch ausschließliche Bindung an einen einzigen Gott, immer aber gilt der Opferkult an die Götter als religiöses Grundgebot. Das 1. Gebot bleibt auch im Neuen Bund aktuell: Jesus verbietet, „zwei Herren zu dienen" (Mt 6, 24).

[80] Der Sabbat war ursprünglich kein durch einen besonderen Opferkult ausgezeichneter, also kein „liturgischer" Tag. Die Ausdeutung des Sabbats geschieht Ex 20 unter Hinweis auf den „siebten Tag" bei der Schöpfung (P), in Dt 5 in der Erinnerung an die Befreiung aus der Sklaverei in Ägypten und an die Ruhebedürftigkeit der am „Werktag" schwer arbeitenden Menschen und Tiere.

ren Weisungen – später als „zweite mosaische Tafel" bezeichnet – zum Ziel.

Sie alle bewegen sich in der „Horizontalen" der menschlichen Gemeinschaft und des entsprechenden mitmenschlichen Verhaltens. Auch das „sechste Gebot" ist von daher formuliert und zielt auf den Schutz der ehelichen Partnerschaft [81]. Ähnlich wird im 8. Gebot der Bereich der Lüge am „falschen Zeugnis wider den Nächsten" exemplifiziert. Die Stichworte: Eltern [82] – Leben [83] – Ehe – Freiheit und Besitz [84] – Ehre markieren die Linie des gemeinschaftsgerechten Verhaltens, das hier als unmittelbarer Wille Jahwes bezeugt ist. Die fast durchweg negative Formulierung dieser Weisungen, die manchen Verehrern eines „höchsten Ethos" als unzureichend, ja anstößig erscheint, bezeichnet zwar nur die unüberschreitbare Grenze für das mitmenschliche Verhalten, meint aber selbstverständlich letztlich das positive „Ja" zum Nächsten, wie Lv 19, 18.34 („Den Nächsten lieben wie sich selbst") klar aufzeigt [85].

---

[81] Damit ist selbstverständlich nicht eine Anarchie des Geschlechtslebens begünstigt. Die „Keuschheit" ist im AT, wo sie nicht als partnerische Verpflichtung erscheint, vornehmlich eine rituelle Reinheit, wobei alte Tabu-Vorstellungen wie auch in andern Religionen der Antike nachwirken. (Die „Heiligkeitsmacht" des Kultortes und der Kulthegehung soll nicht durch andere „Lebensmächte" beeinträchtigt werden.) Auch das NT gibt trotz stärkeren Drängens auf die Triebbeherrschung im Geschlechtlichen keinen Anlaß, „häretisch" das 6. Gebot zum „Gebot der Gebote" zu machen und die Wertung „sittlich/unsittlich" allein darauf zu beziehen.

[82] Es sind vorab die alternden Eltern im Blick, die Autoritäten als solche werden nur im abgeleiteten Sinne tangiert.

[83] Die übliche Übersetzung des Verbums mit „töten" ist mißverständlich. Das hebräische Verbum meint zunächst den Mord, kann aber auch für die fahrlässige Tötung gebraucht werden. Jedenfalls ist hier nur das „gemeinschaftswidrige" private Töten im Blickfeld.

[84] Ursprünglich betraf das Diebstahlverbot in erster Linie Menschenraub, bezog aber in unserm Dekalog auch das Stehlen von Sachbesitz anderer mit ein (vgl. 10. Gebot).

[85] Vgl. Röm 13, 8ff: „Wer den andern liebt, hat damit das Gesetz erfüllt. Denn das Gebot: Du sollst nicht ehebrechen, nicht töten, nicht stehlen, nicht begehren und jedes andere Gebot ist in diesem Wort einheitlich zusammengefaßt: du sollst deinen Nächsten lieben wie dich selbst" (vgl. Gal 5, 14).

Der Dekalog, der die Grundstruktur des gelebten „Jahwismus" festlegt, verbindet – gleichsam in der Form eines Kreuzes – die Vertikale der Zuwendung zu Jahwe mit der Horizontalen des gemeinschaftsgerechten Verhaltens so bedingungslos und unlösbar, daß das, was wir „Menschenrechte" nennen, „Gottesrecht" wird. Das Ethos wird damit hineingezogen in den Kern der „Religion". Im biblischen Offenbarungsraum ist die Rückbindung des Menschen an Gott nur verwirklicht, wenn sie zugleich über den Mitmenschen geht[86]. Dieses radikale und zentrale „Ineinander" ist eines der großen Unterscheidungszeichen der biblischen „Offenbarungsreligion" gegenüber den „Religionen der Völker", bei denen das Ethos zwar auch religiösen Stellenwert hat, aber nicht zur Mitte und damit zum konstitutiven Wesensausdruck von Religion gehört[87].

Die horizontale Dimension des Zehngebots legt ein eindrucksvolles Zeugnis dafür ab, wie stark sich der Offenbarungsgott als „Jahwe", d.h. als ein für Welt und Mensch entschiedener Gott, engagiert hat und engagiert bleibt.

cc) Das „Bundesbuch" (Ex 20, 22–23, 19)

Von Ex 24, 7 aus, wo der Ausdruck „Buch der berit" vorkommt, hat man dem Rechtskorpus, das zwischen Dekalog und Ex 24 steht, in der Exegese die Bezeichnung „Bundesbuch" gegeben. Es handelt sich um eine in den Gesetztesformulierungen („kasuistisch" und „apodiktisch" im Wechsel) und in den Materien (Bürgerrecht, Strafrecht, liturgische, soziale, „moralische" Gesetze)

---

[86] Die entsprechende Botschaft Jesu (Mt 5, 43ff; 19, 17ff; 25, 31ff) und der Apostel (Röm 13, 9ff; Gal 5, 14; Jak 2, 8ff; 1 Jo 2, 9ff u.a.) hat im Dekalog und der analogen Verkündigung der Propheten ihr Fundament.

[87] Die allgemein-religionsgeschichtliche Bestimmung von Religion als einer dem Wesen und der Hauptsache nach „Vertikalen" hat auch im Christentum einen starken Einfluß ausgeübt (vgl. den Gebrauch des Wortes „Praktizieren"). Auch die gegenwärtigen Auseinandersetzungen zwischen „Vertikalismus" und „Horizontalismus" in der Kirche sind davon beeinflußt. Die heute öfter festzustellende Überspitzung der mitmenschlichen Dimension – geistesgeschichtlich als Reaktion

recht vielschichtige Gesetzessammlung. Manche Gesetze spiegeln noch die Hirten- und Halbnomadenzeit wider, die meisten beziehen sich jedoch auf sedentäre Verhältnisse, wobei allerdings die staatlichen Bezüge auffallend zurücktreten. Dementsprechend ist in der Forschung die Datierung sehr umstritten [88]. Im jetzigen Zusammenhang kann dem „Bundesbuch" der Stellenwert einer rechtlichen Ausarbeitung, Kommentierung und Konkretisierung des Dekalogs und die Funktion eines „Grundgesetzes des Gottesvolkes im Gotteslande" zugesprochen werden. Die „Vertikale" des Zehngebots hat ihre Analoga vorab in 20, 23–26; 22, 17.19.28–30; 23, 10–19, die „Horizontale" besonders in 21, 2–11 (Sklavengesetz), 21, 12–17 (todeswürdige Verbrechen an den Mitmenschen), 21, 18–36 (Körperverletzungen), 21, 37–22, 16 (Eigentumsdelikte), 23, 1–9 (Rechtsprechung und Rechtswesen). Schon beim Sklavenrecht zeigt sich die Tendenz, diese wohl erst nach der Landnahme übernommene altorientalische Institution im Namen Jahwes für die Betroffenen – insbesondere auch für die Sklavinnen – erträglich zu machen. Erst recht kommt in den apodiktischen Regeln für das Rechtswesen zum Ausdruck, daß Jahwe der Protektor der Armen und Schwachen ist, die nach seinem ausdrücklichen Willen von den Mächtigen und Reichen in ihren „Menschenrechten" nicht „gebeugt" werden dürfen. In 22, 10f wird für das Sabbatjahr (jedes 7. Jahr ein „Ruhejahr" in der Bestellung der einzelnen Felder!) bestimmt, daß die natürlichen Erträgnisse der unbestellten Äcker den „Armen des Volkes" gehören, und der Sabbat selbst wird in 23, 12 sozial begründet: „Sechs Tage lang sollst du deine Arbeit tun, aber am siebten Tag sollst du feiern, damit dein Rind und dein Esel ausruhe und der Sohn deiner Sklavin und der Fremdling aufatme." Instruktiv für

gegen einseitigen Vertikalismus begreiflich – gibt kein Recht, sich erneut auf bibelferne Definitionen von Religion festzulegen.

[88] M. Noth faßt seine Stellungnahme so zusammen: „Es ist wahrscheinlich, daß diese Zusammenstellung einmal ein selbständiges Rechtsbuch gebildet hat, das als schon geschlossene Einheit in die Pentateuch-Erzählung eingeschaltet worden ist. In welchem Stadium des literarischen Werdens des Pentateuchs diese Einschaltung erfolgte, kann nicht mehr mit Sicherheit gesagt werden"(ATD 5 [1959] 160).

den Geist dieser sozialen Bestimmungen des „Bundesbuches" ist 23, 9: „Einen Fremdling (= Gast- bzw. Schutzbürger) darfst du nicht bedrängen; ihr wißt ja selbst, wie es dem Fremdling zumute ist, da ihr Fremdlinge im Land Ägypten gewesen seid" (ähnlich 22, 9). Hier kommt, zwar indirekt, aber deutlich genug, zum Ausdruck, daß die Zuwendung zum Mitmenschen mit der heilswilligen Zuwendung Jahwes zum Gottesvolk zu tun hat und diese in jener bezeugt und vergegenwärtigt wird.

dd) Die Vergegenwärtigung des „Bundesschlusses" in Ex 24, 1–11

In Ex 24, 1–11 liegt in der jetzigen Gestalt der Perikope eine Art exemplarischer „Festagende" für das feierliche Gedenken an die Stiftung des Zugehörigkeitsverhältnisses Jahwe–Israel am Gottesberg vor[89]. Der jetzige Text ist deutlich zweischichtig: I = 24, 1–2 + 9–11; II = 24, 3–8. Die wohl ältere Tradition I berichtet vom Hinaufsteigen der „Ältesten" auf den Berg unter Anführung des Mose. Dort wird ihnen eine Gottesbegegnung zuteil: „Sie schauten den Gott Israels . . . Er streckte aber seine Hand nicht aus gegen die Edlen Israels, und sie schauten Gott und aßen und tranken" (24, 10f). Über die Bedeutung dieses Mahles liegen die Meinungen der Exegeten im Widerstreit[90]. Sicher ist es ein „Mahl vor Gott" wie das Kultmahl in Ex 18, 12. Aber die dortige Erwähnung der Schlachtopfer im unmittelbar vorausgehenden Text läßt es nur als das zum Schlachtopfer gehörende Mahl verstehen; also ist es ein Mahl mit „Communio"-Charakter[91]. Unser Sinaimahl

---

[89] Damit wird die vielventilierte Frage nicht entschieden, ob es in Israel ein eigenes „Bundesfest", gar ein solches mit einer wiederholten Bundeserneuerung gab (vgl. darüber zuletzt *E. Kutsch*, „Bund" und Fest, in: Theologische Quartalschrift 150 [1970] 299–320). Wahrscheinlich hat man schon bei der Historisierung der ursprünglich agrarischen Feste sowohl am Wochenfest (Pfingsten) wie am Laubhüttenfest das Gedächtnis der Ereignisse vom Gottesberg besonders gefeiert.

[90] *L. Perlitt* deklariert es in Analogie zu Ex 18, 12 zum „Freudenmahl" (Bundestheologie, 181ff), während die meisten früheren Erklärer darin ein „Bundesmahl" sehen.

[91] Vgl. *G. Widengren*, Religionsphänomenologie (Berlin 1969) 303–320: Das Kommunionsopfer. Ferner *R. de Vaux*, Das AT und seine Lebensordnungen II

wurde in jedem Fall vom Kompilator beider Traditionen so verstanden [92]. Im „Einheitstext" fungiert es nämlich – und nur deshalb konnte überhaupt eine Vereinheitlichung hergestellt werden – als das Mahl im Anschluß an die in Tradition II (24, 5) genannten „Gemeinschaftsschlachtopfer" [93]. Bereits Tradition I hat also in der ganz singulären „Gottesschau" der Repräsentanten Israels und dem entsprechenden Kultmahl ein gemeinschaftstiftendes Ereignis am Gottesberg im Auge.

Tradition II zeichnet einen Festgottesdienst in folgender Stufung: I: Errichtung eines Altars, umgeben von zwölf Weihesteinen entsprechend den 12 Stämmen Israels. II: Darbringung von Brandopfern und Gemeinschaftsschlachtopfern durch von Mose beauftragte „junge Männer" (nicht Leviten!). III: Blutzeremonie (die eine Hälfte des Blutes wird in Schalen getan, die andere über den Altar ausgegossen). IV: Verlesung des „Buches der berit" (vgl. V. 4) und zustimmende Antwort des Volkes. V: Besprengung des Volkes mit dem aufbewahrten Blut unter den Worten: „Dies ist das Blut des ‚Bundes' (berit), den Jahwe hiermit mit euch schließt aufgrund all dieser Worte" (V. 8).

Die Opferszene in diesem Text entspricht sicher einer alten Überlieferung [94]. Ist dies auch bei der Wortverkündigung des Mose und seiner eigenartigen Blutzeremonie der Fall? Hierbei kann mit einer deuteronomischen Überarbietung der alten Tradition gerechnet werden [95]. Was aber theologisch zählt, ist der ganze

(Freiburg i.Br. [2]1966) 304. Auch bei zwischenmenschlichen „Bundesschlüssen" spielt das gemeinschaftliche Mahl öfter eine bedeutende Rolle (vgl. Gn 26, 28ff; 31, 44–54).

[92] Seinem Zeugnis sollte man das Gewicht lassen, das es verdient.

[93] Bei diesen Opfern (vgl. Lv 7, 15ff) ist das Mahl konstitutiver Bestandteil, aber es muß nicht unmittelbar an die Opferung anschließen. Der Kompilator beider Traditionen betrachtet somit das Opfermahl „auf dem Berge" als Finale des Opfergottesdienstes „am Fuße des Berges" (24, 3–8).

[94] Das zeigt die Beauftragung „junger Männer" anstelle von „Leviten" für die Opferbereitung.

[95] Zur Begründung dieser Annahme vgl. *L. Perlitt,* Bundestheologie, 190–203. M. Noth meint allerdings: „Es besteht kein zwingender Anlaß, die Sätze über die „Worte Jahwes" für literarisch sekundär zu erklären" (*Das Zweite Buch Mose* = ATD 5 [Göttingen 1959] 160).

Bericht, in welchem endgültig das Sonderverhältnis Jahwe–Israel gedeutet wird, das am Sinai-Horeb grundgelegt wurde.

Aus Ex 24, 1–11 geht somit folgendes hervor: Zwischen Jahwe und Israel wird durch göttliche Initiative ein besonderes Zugehörigkeitsverhältnis gestiftet. Der Rahmen der feierlichen Handlung (Gottesberg!), die Gemeinschaftsschlachtopfer mit dem damit verbundenen Communio-Mahl, die doppelseitige Blutzeremonie[96] und die Verlesung des „Buches der b[e]rit" mit Antwort des Volkes (im Zentrum des Geschehens!) – dies alles zusammengenommen[97] ergibt, daß hier ein feierlicher und grundlegender „Bundesschluß" vergegenwärtigt werden soll. Dabei liegt der Akzent der b[e]rit auf der Verpflichtung des Volkes. Doch kann hierbei keine Rede davon sein, daß Israel auch Jahwe sich verpflichtet wie bei einem zwischen gleichen Partnern geschlossenen Vertrag. Aber daß in der Sicht des Endredaktors eine Selbstverpflichtung Jahwes – und das ist etwas ganz anderes als eine Verpflichtung Jahwes durch Israel! – vorausgesetzt und impliziert ist, ist schon angesichts der ihm bekannten „Selbstverpflichtungen" Jahwes (Namensoffenbarung, „Fluchsetzungseid Jahwes" in Gn 15, 18, vielleicht auch 2 Sm 23, 5; Ps 89, 4) nicht anders denkbar. Dazu kommt, daß mit dem „Buch der b[e]rit" sicher der Dekalog[98], wohl zusammen mit den Gesetzen des „Bundesbuches" (Ex 20, 21 bis 23, 33), gemeint ist. Die Selbstvorstellungsformel der „Bundescharta" mit ihrem verheißungsträchtigen Zeugnis der göttlichen Zuwendung hat also als von Mose mitverkündet zu gelten. Der Vordergrund der Szene wird so zwar beherrscht von der Bin-

---

[96] Ein vergleichbarer Blutritus findet sich in Lev 8, 22 ff, wo im Rahmen des „Einsetzungsopfers" (in der Form eines Gemeinschaftsschlachtopfers!) Mose den Aaron und seine Söhne mit Blut bestreicht und das übrige Blut über dem Altar aussprengt. „So werden die Betroffenen in den göttlichen Lebensbereich einbezogen oder . . . für Jahwe beschlagnahmt" (K. Elliger, Leviticus = Handbuch zum AT I/4 [Tübingen 1966] 119).

[97] Um die Bedeutung der „Szene" richtig zu bestimmen, muß man dieses „Zusammen" in Rechnung stellen (Bündelargument!).

[98] So auch O. Eissfeldt, Einleitung in das AT (Tübingen [3]1964) 282 f; H. Cazelles in: Haag, Bibellexikon (Einsiedeln [2]1968) 322 und L. Perlitt, a.a.O. 193.

dung Israels an Jahwe, aber im Hintergrund steht unverkennbar zugleich die Selbstbindung Jahwes an Israel. Auf diesem „Zusammen" fußt auch die sogenannte „Bundesformel"[99], deren Kern lautet: „Jahwe, Israels Gott" – „Israel, Jahwes Volk"[100]. Das in ihr Gemeinte findet sich schon in Hos 1, 9 (negative Ankündigungsformel): „Ihr seid ‚Nicht-mein-Volk‘, und ich bin der ‚Ich-bin-nicht-da-für-euch‘" und Hos 2, 25 (Ich werde zu „Nicht-mein-Volk" sagen: „Mein Volk bist du", und er wird sagen: „Mein Gott"). Außerdem setzt die Übernahme des Mythologumenons von der „Gottesehe" als eines Bildes für das Verhältnis „Jahwe–Israel" bei Hosea ein enges personales Sonderverhältnis „Jahwe–Israel" in der Tradition voraus. Aus all diesen Gründen erscheint es nach wie vor als gerechtfertigt, in Ex 24 1–11 von einem „Bundesschluß" zu reden, sofern man damit nicht die falsche Vorstellung eines gegenseitigen aktivischen Verpflichtungsaktes unter gleichen Partnern verbindet.

Ex 24, 1–11 ist gerade in seiner „Jetztgestalt" überaus instruktiv für die Grundstruktur alles liturgischen Gottesdienstes im Raum der biblischen Offenbarung[101]. Unabdingbar für ihn ist – hier steht er sogar in der Mitte! – der „Wortgottesdienst", der aus der Verkündigung der „Bundescharta" (mit der Reihenfolge: Evangelium–Weisung), also des „Wortes Gottes" und der Antwort des Volkes besteht. Hierin kommt der durch und durch personale Charakter des „Bundes" zum Tragen und gibt der liturgischen Begehung gewissermaßen die „Seele"[102].

Ihre „Verleiblichung" findet sie im „Opfergottesdienst", des-

---

[99] Vgl. dazu vorab *R. Smend,* Die Bundesformel = Theologische Studien 68 (Zürich 1963).

[100] Vgl. Dt 26, 17f; 29, 12; Ex 6, 7 (P); Jer 7, 23; 11, 4 u. a.

[101] Vgl. *A. Deissler,* Der alttestamentliche Bundesschluß und seine exemplarische Struktur, in: Oberrhein. Pastoralblatt 67 (1966) 323–326.

[102] Das kommt auch im Hoseawort „Bringt rechte Worte mit!" (= „Frucht der Lippen", also nicht zuerst Opfertiere!, Hos 14, 13) deutlich zum Ausdruck. Die früher übliche Bezeichnung „Vormesse" für den Wortgottesdienst in der Meßfeier und deren kirchenrechtliche Einstufung (dispensabel!) verraten mehr Nähe zum religionsgeschichtlichen Opferdenken als zur Bibel.

sen Hauptopfer in unserer Perikope das „Gemeinschaftsschlachtopfer" mit seinem dafür konstitutiven Communio-Kultmahl ist [103]. Hier findet die gottgewährte Gemeinschaft mit Jahwe, die zugleich mitmenschliche Gemeinschaft begründet und fordert, ihren sinnenfälligsten Ausdruck. Die Tatsache, daß die mit dem Gemeinschaftsschlachtopfer von Anfang an verbundene [104] Ausgießung des Blutes über den Altar hier als Korrespondenzhandlung [105] die Besprengung des Volkes mit dem Blut und ein entsprechendes Deklarationswort (V. 8) [106] enthält, ist besonders sinngeladen und ausdrucksvoll: wird dieses Blut doch von Gottes Anteil genommen und im Rahmen eines „Gemeinschaftsopfers" dem Volk durch Besprengung [107] appliziert. Dadurch kommt eine „Verbundenheit im Blute" zustande, die alle Blutsbande übersteigt und zugleich die Verpflichtung Israels – darauf legt das Deklarationswort den Akzent – zu einer Sache auf Leben und Tod macht.

5. Das Zeugnis des Deuteronomiums und seiner Theologie

In der Erhebung der Botschaft der Sinaiperikope (Ex 19–24) hat sich an einigen Stellen ein Einfluß des Deuteronomiums angemeldet. Dieses Buch selbst kann als eine Art Mitte des Alten Testa-

[103] Das später stark in den Vordergrund gerückte Brandopfer ist von Israel wohl erst in Kanaan rezipiert worden. Das „Gemeinschaftsopfer" blieb aber jene Begehung, in der die Gemeinschaft Jahwe–Israel am meisten gefeiert und erfahren wurde, so daß Liturgie öfter ein „Fröhlichsein vor Jahwe" heißt (Dt 12, 12.18; 16, 11 u.a.).

[104] Vgl. *R. Rendtorff*, Studien zur Geschichte des Opfers im Alten Israel = Wiss. Mon. z. AT u. NT, Bd. 24 (Neukirchen 1967) 156.

[105] Man darf darum nicht irgendwelche Blutapplikationen damit vergleichen, wie etwa die bei Schuld- und Sündopfern, wobei dem Blut in erster Linie eine entsühnende und reinigende Funktion zukommt (vgl. Lv 14, 14). In Ex 24, 7f handelt es sich um eine Blutapplikation in einem Gemeinschaftsopfer (vgl. Lv 8, 22ff). Der Entsühnungsgedanke kann hier höchstens als Nebensinn in Betracht kommen.

[106] Das Blutwort des Mose ist nach Mt 26, 28 und Mk 14, 24 zum Stiftungswort des Neuen Bundes geworden (Kelchwort).

[107] Blutgenuß war in Israel streng verboten (vgl. Dt 12, 23; Lev 17, 10 u.a.).

mentes – der Zeit und der Bedeutung nach – angesehen werden. Es rangiert zwar unter den fünf Büchern Moses (= 5 Mose), aber die literargeschichtliche Forschung[1] hat erwiesen, daß es sich dabei um eine in der Hauptsache wohl dem 7. Jh. zuzuschreibende Neufassung des mosaischen Erbes und seiner theologischen Aufarbeitung und Entfaltung handelt, wobei der gesetzliche Teil vorab an das „Bundesbuch" anknüpft. Zeigt schon sein Rechtskorpus (12–26) einen Trend zur „Gesetzespredigt", so sind erst recht sowohl die ältere der beiden Einleitungen (4, 44 – 11, 32) wie auch die jüngere (1, 1 – 4, 43) „Predigten", die Mose in den Mund gelegt sind und vielleicht die Verkündigungstätigkeit der vorexilischen Leviten zusammenfassen. Levitischer und prophetischer Einfluß vorab aus dem Nordreich des 8. Jh. (Hosea!)[2], wo das Ur-Deuteronomium entstanden zu sein scheint, macht sich in ihm geltend und gab sicher die entscheidenden Anstöße für seine weitere theologische Ausarbeitung (im Südreich des 7. Jh.) zu einem Buch von hohem theologischem Rang.

Bedeutsam sind schon die in der Sprechweise enthaltenen theologischen Implikationen. So z. B. wird der Name Jahwe – auch im Gesetzeskorpus – zuallermeist mit dem der dekalogischen Selbstpräsentation entsprechenden Apposition „dein Gott" (über 220mal) oder „euer Gott" (ca. 45mal) verwendet. Hierin kommt die Zuwendung Jahwes, ja seine entschiedene Zugewendetheit zu Israel zu einem gerade durch seine hämmernde Monotonie eindrucksvollen Zeugnis.

Diese „bundeswillige" Zuwendung bestimmt das Dt als Liebe (vgl. Hos 11, 1): „Nicht weil ihr zahlreicher seid als alle Völker, hat Jahwe sich liebend euch verbunden und euch erwählt – ihr seid ja das kleinste unter allen Völkern –, sondern weil Jahwe euch liebte und weil er den Schwur halten wollte, den er euren Vätern geschworen hat, hat Jahwe euch mit starker Hand herausgeführt

---

[1] Vgl. den umfassenden Überblick bei Sigrid Loersch, Das Deuteronomium und seine Deutungen, in: Stuttgarter Bibelstudien 22 (Stuttgart 1967).

[2] Bei den Nordstämmen pflegte man in besonderer Weise die Moseüberlieferung (vgl. Hos 12, 14: Mose = Prophet, Retter und Hüter Israels).

und dich aus dem Sklavenhaus, aus der Hand des Pharao, des Königs von Ägypten, losgekauft (padah). So erkenne denn, daß Jahwe, dein Gott, der getreue Gott ist, der den „Bund" und die „Verbundenheit" (ḥesed) denen bewahrt, die ihn lieben und seine Gebote halten..." (Dt 7, 7–9). Hier bezeugt sich geradezu exemplarisch, was das Dt Israel fort und fort verkünden will: Die Erwählung des Gottesvolkes geschah aus Liebe (vgl. auch 7, 13; 4, 37 und vorab 10, 15); diese Liebe wurde zum Schwur gegenüber den Vätern (vgl. auch 1, 8.35; 4, 31; 6, 10; 7, 12.13; 8, 18 + 9mal) und damit zu einer bundeswilligen Selbstbindung an sie („Bund mit den Vätern", vgl. 4, 31; 8, 18) und in durchhaltender „Bundestreue" eine Selbstverpflichtung gegenüber Israel (vgl. 7, 12).

Diese Verbundenheit Jahwes ist eine schöpferisch schenkende; sie realisiert die eidliche Verheißung an die Väter von der zahlreichen Nachkommenschaft (vgl. 13, 18) und insonderheit die von der Landgabe (vgl. 6, 10.18.23; 7, 13; 9, 5; 19, 8; 26, 3). Das Geschenk des „Landes" wird zu einem Leitmotiv, das schon im Gesetzesteil immer wieder zum Klingen kommt (vgl. 12, 10.29; 14, 22) und noch mehr in den Lehr- und Mahnreden: 1, 21.25.36. 39; 2, 22.24; 3, 18.20; 4, 22; 5, 16.31; 6, 3.18.23; 8, 1.7f u.a. Das Dt nennt dieses „angelobte Land" Israels „Erbteil" (4, 20.21.38; 12, 9f; 19, 10; 20, 16 u.a.), von Jahwe seinem Volke vermacht. Dieses große Heilsgut wird in fast verklärender Farbigkeit dem Volke gleichsam ins Herz gemalt: „Es fließt über von Milch und Honig" (6, 3; 11, 9; 26, 9.15; 27, 3 u.a.), es ist „ein schönes Land, ein Land mit Wasserläufen, Quellen und Seen ... ein Land reich an Weizen und Gerste, Weinstöcken, Feigen- und Granatäpfelbäumen und Honig ... ein Land, dessen Steine Eisen enthalten und aus dessen Bergen man Erz bricht" (8, 8); es ist „die Ruhe" (menuḥah) gegenüber allen Feinden ringsum (12, 9; vgl. 25, 19); anders als „das Land Ägypten, das man nach der Aussaat mit dem Fußtretwerk bewässern muß", ist es „ein Land mit Bergen und Niederungen, das vom Regen des Himmels Wasser trinkt", „ein Land, für das Jahwe ... Fürsorge trägt, auf dem die Augen Jahwes ... ruhen von Anfang bis Ende des Jahres" (11, 10–12).

Jahwe ist also nicht Spender nur ideeller oder geistiger Güter. Hier kommt die altbundliche Welthaftigkeit und „Diesseitigkeit" zum Tragen, die vielen christlichen Nachfahren als „grobe Sinnenhaftigkeit" zum Ärgernis wird. Doch gerade hierin erweist sich Jahwe als „Gott der Welt", dessen Heilswillen alle Schöpfungsgüter umgreift. Das Leben, das er schenkt, ist ein Ganzes, zwar dimensional unterscheidbar, aber ungetrennt und unteilbar. Indes ist es gerade das Deuteronomium, das neben dem Heilsgut des Landes und seinen irdischen Segensgütern – in eindrucksvoller Reihung aufgezählt in 28, 3 ff – auch die Wort- und Willensoffenbarung Jahwes als Geschenk des bundeswilligen Gottes erweist. Zwar ist das aus Mt 4, 4 bekannte Wort von Dt 8, 3: „Nicht vom Brot allein lebt der Mensch, sondern von allem, was aus dem Mund Jahwes hervorgeht, lebt der Mensch" nach dem Kontext zunächst auf das schöpferische Machtwort Jahwes zu beziehen, aber es entspricht dem Geist und Horizont von Dt, dabei auch an das Weisungswort zu denken, das nach 30, 15 dem Gottesvolk als „Leben und Glück" vorgelegt wird, weil es die es Haltenden in der gegen den Tod abgegrenzten Heilssphäre hält. Ihm zu folgen heißt sich des Bleibens im Lande und damit der Zukunft versichern (vgl. 4, 40; 11, 8 ff) und der zugehörigen Segensgüter teilhaftig werden (7, 12 ff). Dieses lebeneröffnende Wort ist durch Jahwes Offenbarung der Unerreichbarkeit und Ferne entborgen: „Ganz nahe ist dir dieses Wort, in deinem Munde und deinem Herzen, so daß du es tun kannst" (30, 12). Die Weisung Jahwes macht Israel weise in den Augen der Völker, wie Mose verkündet: „Sie werden sagen: Wahrlich ein weises und ein kluges Volk muß dieses mächtige Volk da sein" (4, 6) . . . „Wo gibt es ein mächtiges Volk, das so gerechte Gebote hätte wie diese ganze Weisung, die ich euch heute vorlege" (4, 8).

Die deuteronomische Predigt von Jahwe, dem Gott, der sich in der Freiheit der Liebe Israel verbunden hat, läßt vor allem das mysterium fascinosum des göttlichen Geheimnisses aufleuchten. Diese predigenden Gotteszeugen, welche im Namen des Mose und in theologischer Reflexion über seine Jahwebotschaft ihre

Verkündigung ausrichten, wissen zum einen, was das geoffenbarte Jahwe-sein Gottes meint, nämlich seine ebenso freie wie entschiedene Zuwendung zum Gottesvolk, und sind sich zum andern dessen bewußt, daß nur eine lichtvolle Botschaft Aussicht hat, den Willen der Hörer zur Freiheit liebender Zuwendung zu entbinden.

Das Dt spricht zwar mehr als andere Texte vom „Bewahren", „Halten", „Befolgen" und „Ausführen" der göttlichen „Gebote", „Gesetze", „Bestimmungen" usw., zielt aber damit auf alles andere als auf einen „knechtischen Gehorsam der Furcht", sondern versteht diese Verpflichtung als dankbare Antwort Israels auf Jahwes rettendes und belehrendes Geleit. Gewiß ist im Dt viel von der „Gottesfurcht" die Rede (vgl. 4, 10; 5, 29; 6, 2.13.24; 8, 6; 10, 12.20; 13, 4; 14, 23 u. a.), doch steht diese „Furcht" dem nahe, was wir „Ehrfurcht" nennen; das tut sich am deutlichsten darin kund, daß das Wort „lieben" damit verbunden wird, wie u. a. 10, 12 dartut: „Israel, was verlangt Jahwe, dein Gott, von dir anderes, als daß du Jahwe, deinen Gott, fürchtest, auf seinen Wegen wandelst, ihn liebst, und Jahwe, deinen Gott, verehrst mit ganzem Herzen und mit ganzer Seele." Dieses „Lieben" (vgl. auch 11, 13; 19, 9; 30, 6.16.20) ist im bekannten „Hauptgebot" des Deuteronomiums die lapidare Kennzeichnung für die sonst vielgefächerte Gottesrelation des Gottesvolkes: „Du sollst Jahwe, deinen Gott, lieben mit deinem ganzen Herzen und mit deiner ganzen Seele und mit deiner ganzen Kraft" (Dt 6, 4).

Damit ist zunächst die „Vertikale" im Gottesverhältnis angesprochen. Geht doch unmittelbar voraus: „Höre, Israel, Jahwe, unser Gott, ist Jahwe als einer allein." Das Dt kommt darum immer wieder auf das Thema des kanaanäischen Götzendienstes zu sprechen, gegen den es geradezu militant vorgeht[3]. Die Reinheit des Jahwekultes, die durch die Vielzahl von dem Synkretismus offenen Landheiligtümern immer wieder gefährdet wurde, soll

---

[3] Hier liegt eine der Wurzeln dafür, daß das Dt die Landnahme, die geschichtlich sich nur teilweise kriegerisch vollzog, als offensiven und totalen Bannkrieg (predigend!) vergegenwärtigt (vgl. 7, 2f).

darum durch die „Einheit" des Kultortes (Kultzentralisation) gestützt und garantiert werden (Kap. 12).

Trotz dieser bedeutsamen und auch historisch sich auswirkenden [4] Akzentuierung der „Vertikalen" wird die „Horizontale" im Dt keineswegs verkürzt. Symptomatisch für seine „soziale" Ausrichtung ist seine Kommentierung des Sabbatgebotes (6, 13 ff), welche die Grundlage für das erstaunliche Wort Jesu in Mk 2, 27 abgibt, der Sabbat sei um des Menschen willen gemacht. An jedem Freudenfest der Familie „vor Jahwe", also bei jedem Kultmahl, sollen auch die Leibeigenen (Knecht und Magd) teilnehmen (12, 18). Der Zehnte jedes dritten Jahres gehört den Bedürftigen: dem Leviten, dem Fremdling, der Waise und der Witwe (14, 28 f). Überhaupt darf man „das Herz nicht verhärten und die Hand dem Armen gegenüber nicht verschließen" (15, 7). Dies wäre eine schwere Schuld (15, 9). Die zahlungsunfähigen Verschuldeten, die in Schuldknechtschaft genommen werden, müssen im 7. Jahr freigelassen und mit den lebensnotwendigen Gütern ausgestattet werden (15, 12 ff) [5]. Eindringlich wird das „gerechte Gericht" gefordert [6]. Im Königsgesetz (17, 14 ff) wird vor Reichtum, Luxus und überheblicher Machtgier zu Lasten der Volksgenossen gewarnt. Aus dem altorientalischen Recht rezipiert das Dt das Verbot, die Grenzen der Landanteile zu verrücken (19, 14). Wiewohl der „Heilige Krieg" im Dt eine so große Bedeutung hat, tritt es für bestimmte Fälle – selbst bei „Herzensverzagtheit" – für Befreiung vom Kriegsdienst ein (20, 5–9; vgl. 24, 5 f). Kriegsgefangene Frauen dürfen nach Verehelichung und Scheidung nicht mehr wie Sklavinnen verkauft werden (20, 10 ff). Der Willkür, das Erstgeburtsrecht beliebig festzulegen, wird in 21, 15–17 ein Rie-

---

[4] Mit hoher Wahrscheinlichkeit ist das unter dem König Josia im Tempel aufgefundene Buch die „Erstausgabe" des Deuteronomiums (vgl. 2 Kg 22 f); damit hat es den Hauptimpuls für die Josianische Reform (um 620 v. Chr.) abgegeben.

[5] Zur Motivierung sagt 15, 15 bezeichnenderweise: „Denke daran, daß du einmal Sklave in Ägypten warst, und dann Jahwe, dein Gott, dich befreite!"

[6] „Das Recht darfst du nicht beugen, darfst auf niemanden falsche Rücksicht nehmen und kein Bestechungsgeschenk annehmen!" (16, 19). Gegen falsche Zeugen beim Gericht wendet sich 19, 16 ff.

gel vorgeschoben. Aber auch die Eltern werden gegen die Widersetzlichkeit der Kinder in Schutz genommen (21, 18–21). 22, 1–4 regeln die Rückgabe verlorenen Eigentums und Fälle der Nothilfe. In 22, 13–30 werden Ehe- und Keuschheitsgesetze eingeschärft, wobei besonders die Frau gegen falsche Verdächtigungen von seiten des Mannes geschützt wird (22, 13–19). Charakteristisch für die soziale Ausrichtung des Deuteronomiums ist besonders Kap. 24 mit einer Reihe von Schutzvorschriften für die Armen, Fremden, Witwen und Waisen gegenüber Ausbeutung und Unbarmherzigkeit. 25, 4 sorgt selbst für das Tier: „Du sollst dem Ochsen beim Dreschen keinen Maulkorb anlegen!"

Gewiß finden sich viele dieser menschenfreundlichen und die „Menschenrechte" verteidigenden Regelungen schon im sogenannten „Bundesbuch"; doch gerade so hat ihre eindringliche Wiederaufnahme – von den Ergänzungen ganz abgesehen – in die deuteronomische Gesetzespredigt höchsten Zeugniswert für die unlösbare Verbindung von „Vertikaler" und „Horizontaler" in der Lebensverwirklichung des Gottesvolkes und damit für die „Güte und Menschenfreundlichkeit Gottes" (Tit 3, 4), die aus einer solchen „Willensoffenbarung" aufleuchtet.

6. Das Zeugnis der Propheten

a) Zum Begriff „Prophet"

Das Prophetentum ist für die altbundliche Offenbarungsreligion ein so bedeutsames Phänomen, daß es üblich geworden ist, von der Religion Israels als einer „prophetischen Religion" zu sprechen. Das AT selbst gibt Anlaß dazu, weil eine Reihe wichtiger Bücher Prophetennamen tragen und nach Dt 18, 15; 34, 10 (im Gefolge von Hos 12, 14) auch Mose, die große Stiftergestalt des Jahwismus, als Prophet bezeichnet wird – Gn 20, 7 nennt selbst Abraham so – und der jüdische Kanon sogar die sogenannten „Geschichts-

bücher" (Jos; Ri; 1/2 Sm; 1/2 Kg) „Propheten"(-Bücher) betitelt.
Freilich verstehen Christen, vom modernen Sprachgebrauch un-
terstützt, das Prophetische an Israels Religion oft dahin, daß die
Propheten das messianische Heil ankündigen bzw. daß ihre
Hauptfunktion sei, den Messias zu verheißen und vorauszuschil-
dern. Dieses verengende Verständnis wird nicht einmal dem ursprünglichen griechischen Wort „Prophet" gerecht, das zuerst
einfach den „Verkündiger" (= „Sprecher *vor* dem Volk") meint;
erst recht bedeutet das hebräische Grundwort „nabi" (aktivisch
und passivisch zugleich!) den „berufenen Rufer" (= bevollmächtigten Ausrufer des Gotteswillens).

Diese nächstliegende etymologische Deutung von „nabi" wird
durch die unabweisbare Tatsache bestätigt, daß der Botenstil[7] das
Reden (und Schreiben) der Propheten am meisten kennzeichnet.
Damit bekennen sie, daß sie von Jahwe zum Botendienst berufen
sind. Sie müssen den Verantwortlichen des Volkes oder diesem
selbst Gericht oder Heil ansagen im Hinblick auf den „Bundesbruch" oder die „Bundestreue", meist, um es zur noch möglichen
Umkehr bzw. zu weiterer Treue zu bewegen. Damit werden sie zu
Verkündigern im weitesten Sinne des Wortes und wissen sich in
dieser Funktion als „Vergegenwärtiger" der ursprünglichen Jahwebotschaft für ihre Zeit und Welt.

Die sogenannten „Schriftpropheten" – ihre Botschaft ist in
Schriften unter ihrem Namen, zumeist in ihrem Jüngerkreis verfaßt, überliefert – lassen in ihren „Berufungsschilderungen" erkennen, daß sie ein „Widerfahrnis" erfuhren, das sie unerwartet
überkam und trotz ihres Sträubens sie überwältigte (vgl. Jes 6, 1 ff;
Jer 1, 1 ff; Am 3, 8; 7, 14 ff). Dabei ging es um Visionen und vorab
um Hörerfahrungen, auf denen übrigens der Hauptakzent der
prophetischen Berufung lag[8].

---

[7] Vgl. etwa Jer 22, 1 ff: So sprach Jahwe: Steig hinab in den Palast des Königs . . .
und verkünde . . . (= Botenauftrag): So spricht Jahwe (= Botenformel): Übet
Recht und Gerechtigkeit! (= Botenspruch).
[8] Vgl. den „Boten*spruch*" („So spricht Jahwe" bzw. „Ausspruch Jahwes") und Jer
23, 16.

b) Zur Geschichte des Prophetentums

Das Prophetentum hat sich in Israel zwar zu einer religionsgeschichtlich einmaligen Größe und Bedeutung entwickelt; aber es
gibt für sein Rudimentärphänomen auch außerbiblische Wurzeln
bzw. Parallelen: das als inspiriert geltende Sehertum bei den Nomaden und das Ekstatikerwesen in den Religionen der Seßhaften[9]. 1 Sm 9, 9 weiß noch vom Zusammenwachsen beider Phäno-
mene: „Was man heute Nabi nennt, nannte man früher Seher."
Damit mag auch zusammenhängen, daß man sie bald als Einzelgestalten (eher dem Sehertum zuzurechnen), bald als ekstatische
Scharen (meist bei Heiligtümern) antrifft (vgl. 1 Sm 10, 5.10).
Kennzeichnend für die Entwicklung des Prophetentums in Israel
sind folgende Punkte: 1. Diese Männer werden früh zu engagierten Anhängern und Förderern des Jahweglaubens und der Jahwe-
weisung. 2. Aus dem Berufsprophetentum am Hofe und an den
Kultorten[10] treten immer mehr Einzelgestalten hervor, die sich als
„Berufungspropheten" bekennen und einen entscheidenden Einfluß auf die Geschichte Israels als „des Volkes Jahwes" und auf
die Entwicklung der Jahweoffenbarung nehmen. Dabei kommt es
öfter zu Konfrontationen zwischen ihnen und den Berufsprophe-
ten und deren Protektoren (vgl. 1 Kg 22, 13–28; Jer 28).

Um Tätigkeit und Bedeutung der Propheten in Israel verstehen
und würdigen zu können, muß man einen kurzen Blick auf die geschichtliche Entwicklung Israels in Kanaan werfen.

Die nomadische Jahwereligion der Moseschar mußte sich nach
der Landnahme mit der für Landsässige und Bauern typischen
Fruchtbarkeitsreligion des kanaanäischen Baalskultes auseinan-
dersetzen. Menschlich gesehen, war die naturalistische Baalsverehrung mit ihrem orgiastischen Sexualkult und ihren magischen

---

[9] Dokumente aus Mari am oberen Euphrat (18. Jh.) z. B. berichten von (den Herr-
schern auszurichtenden) Botensprüchen prophetischer Sprecher der Gottheiten;
diese Texte sind allerdings nur formal, nicht inhaltlich mit den Botenreden der israelitischen Propheten vergleichbar.
[10] Es handelt sich dabei aber nicht um eigentliche Kultdiener. „Kultpropheten"
in diesem Sinne sind für Israel hypothetisch.

Fruchtbarkeitsriten im Vorteil. Viele aus Israel sind, wie die geschichtlichen Erinnerungen sagen, ihrer Verführungsmacht erlegen (Nm 25, 3; Ri 6, 25; 8, 33 u. a.). Der Kampf zwischen „Jahwe" und „Baal" dauerte Jahrhunderte und ist dank des jahwistischen Engagements der Propheten schließlich zugunsten des Jahwismus – unter Abstoßung unverträglicher Elemente (z. B. der Stierbilder) und Anverwandlung verträglicher Vorstellungen und Institutionen (z. B. agrarische Feste, Opferrituale, Tempel, Ausstattung der Heiligtümer) – entschieden worden. Sie wachten darüber, daß in dieser Auseinandersetzung der Jahwismus nicht synkretistisch durchsetzt wurde und dabei Jahwe, der „ganz andere Gott" der geschichtlichen Zuwendung und personalen Einforderung, die Züge einer Naturgottheit annahm. Aus dieser Sicht resultiert die entschiedene Distanz der Propheten gegenüber dem Opferkult.

Als sich nach der Landnahme der Zwölfstämmebund konstituiert hatte, war diese Einheit zunächst im politisch-militärischen Bereich nur locker (vgl. Ri 5). Erst die Philistergefahr drängte zu einem Staatsverband unter königlicher Führung. David gelang die Einung der Süd- und Nordstämme und die Eroberung Jerusalems, das er zur Hauptstadt machte. Diese topographisch günstig gelegene Festung war nicht Gegenstand von Stammesrivalitäten und gewann zugleich eine Gesamtisrael verbindende religiöse Bedeutung, weil David die heilige Lade dort aufstellen ließ. Blieb David trotz seiner charakterlichen Schattenseiten Jahwe und dem Volke verbunden und beugte er sich der Gottesweisung der Propheten und Priester, so versuchte sein Sohn Salomo, die unabhängige Rolle eines gottunmittelbaren absoluten Monarchen durchzusetzen. Als solcher baute er nicht nur den Tempel als seine „Königskapelle" und zugleich als Zentralheiligtum für ganz Israel, sondern führte eine straffe Zentralverwaltung ein mit schwerer Besteuerung und unter Heranziehung der Freibauern zu Frondiensten (vgl. 1 Kg 5, 27; 11, 28). Seine ganze Regierungsführung widersprach dem Königsideal, wie es uns Jes 9, 6 („Recht und Gerechtigkeit festigen"), 11, 4f; Ps 72 u. a. vor Augen stellen. Dieser

Widerspruch hatte die Reichsteilung (um 930 v. Chr.) zur Folge. Aber auch die meisten späteren Könige sowohl im Südreich wie – noch mehr! – im Nordreich gingen in Salomos Spuren und versagten als Wahrer des „Gottesrechtes". Als die Entwicklung der Stadtkultur und das Aufblühen von Handel und Gewerbe nicht nur zu einer immer stärkeren Polarisierung der sozialen Klassen, sondern auch zur Ausbeutung und Entrechtung der wirtschaftlich Armen führte, waren es wiederum die Propheten, die dem zu steuern suchten, indem sie im Namen Jahwes für das „Gottesrecht", d. h. die gottgewollten „Menschenrechte" der „Gebeugten" eintraten und zu unerbittlichen Kritikern der führenden Kreise des Jahwevolkes wurden. Sie erhoben aber nicht nur Anklage gegen die Ausschaltung Jahwes aus dem innerstaatlichen Gemeinschaftsleben, sondern auch gegen die außenpolitische Bündnispolitik, welche den Staat und damit den Status der Privilegierten sichern sollte, ohne daß Jahwe als entscheidender Faktor in das Kalkül einbezogen wurde.

c) Die prophetische Jahwebotschaft

Bekenntnis und Verkündigung der Propheten kreisen um das mosaische Urthema „Jahwe". Für die Ekstatiker waren Musik, Tanz und Gesang sicher nicht nur die Mittel, um in den Trancezustand zu kommen, sondern auch die Weisen, das Faszinosum an Jahwe zu feiern (vgl. 1 Sm 10, 5). Wird doch von der „Prophetin" Mirjam (Ex 15, 20) gesagt, daß sie die Pauke nahm und das Siegeslied auf Jahwe vorsang (vgl. auch das Lied der „Prophetin" Debora, Ri 5, 1 ff). Der Chronist greift also auf eine alte Überlieferung zurück, wenn er die Sänger der Loblieder Jahwes „Propheten" nennt (1 Chr 25, 1.2.3).

Die großen prophetischen Einzelgestalten vom 9. bis 7. Jh. hatten allerdings angesichts der Lage, in die sie als Jahwes Boten hineingerufen wurden, allen Anlaß, zunächst das „Tremendum" Jahwes durch ihre Verkündigung des Gottesgerichtes zu bezeugen. Doch selbst in ihrer Gerichtsbotschaft kommt Jahwes Zuwendung noch zum Zeugnis: sein Engagement als Ankläger und Richter ist nur begreiflich aus seiner Entschiedenheit für Israel. Selbst beim Propheten Amos, der nicht einmal klare Auskunft darüber gibt, ob jenseits der „Nullpunktsituation", die er für Israel ankündigt, noch Hoffnung sei [11], hat Israel immer noch den Ehrentitel: „mein Volk" (vgl. 7, 8.15; 8, 2; 9, 10). Wie spät man die volle „Bundesformel" (= Zugehörigkeitsformel „Jahwe–Israel") oder selbst die Bundescharta des Dekalogs auch ansetzen mag, die Propheten haben von Anfang an die Entschiedenheit Jahwes für das Gottesvolk verkündet und zugleich die entsprechende Verpflichtung des Volkes auf Jahwe betont, in welche die gegenseitigen Gemeinschaftspflichten eingebunden waren. Die Grunddimensionen des Dekalogs werden von ihnen nicht nur bestätigt, sondern können uns gleichsam zum Magneten werden, durch den in ihre chronologisch und systematisch – meist zufolge ihrer Sammlungsgeschichte – ungeordneten Texte eine überschaubare Struktur tritt. Darum sollen an dieser Stelle zunächst einmal die prophetischen Entsprechungen zur Selbstvorstellungsformel der „Bundescharta" Revue passieren.

aa) Jahwe, der Befreier aus Ägypten,
     der Geleiter durch die Wüste, der Geber des Landes
Der erste Schriftprophet *Amos* (ab 760 v. Chr.), konzediert zwar, daß Jahwe Israel aus Ägypten heraufgeführt hat (9, 7), solch führendes Geleit aber auch anderen Völkern (Philister, Aramäer) zuteil werden ließ. Für Amos war der Abschluß des Exodus, nämlich die wunderbare Landgabe an das schwache Israel (gegen die starken Amoriter!) (vgl. 2, 9) das entscheidende Kennzeichen der besonderen göttlichen Zuwendung [12]. Jedenfalls bezeugt Amos klar die Erwählung Israels durch Jahwe in dem für ihn charakteristischen Gottesspruch: „Nur euch habe ich ersehen aus allen Ge-

---

[11] Immerhin sagt er in 5, 15: „Vielleicht erbarmt sich Jahwe, der Gott Zebaot, des Restes von Josef."
[12] In Nachträgen ist aber der Auszug in seiner sonst führenden Rolle mit aufgeführt (vgl. Am 2, 10; 3, 1), ebenso das Geleit durch die Wüste (2, 10).

schlechtern des Erdbodens. Darum suche ich an euch heim alle eure Sünden" (3, 2). Die Verwendung des Verbums jada' (= erkennen, sich vertraut machen) zur Benennung dieses Sonderverhältnisses weist auf dessen intim-personalen Charakter hin; das korrespondierende „heimsuchen, ahnden" weist die geschichtliche Aussonderung Israels aus als eine mit seiner Willensoffenbarung verbundene, die Israel Lebensnorm sein sollte[13].

Der jüngere Zeitgenosse des Amos, der aus dem Nordreich stammende Prophet *Hosea* (ab 750 wirkend), legte zwar den Akzent der Zuwendung Jahwes zu Israel mehr auf die Befreiung aus Ägypten (vgl. 2, 17; 11, 1; 12, 10.14; 13, 4), hat aber diese Herausführung durch die Verwendung des Verbums „heraufziehen" (2, 17) bzw. „heraufführen" (12, 14) deutlich mit der Landgabe verbunden, wobei das „Weiden in der Wüste" (13, 5 corr.) als Mittelglied beider Heilstaten erscheint. Wie sehr die Rettungshandlung am Schilfmeer auch bei Hosea in der Gabe des Landes kulminiert, zeigt seine Ankündigung der Heilszukunft unter dem Bilde einer neuen Landgabe (2, 17).

Jesaja (ab 740 v.Chr.) hat, soweit es wenigstens die von ihm überkommenen authentischen Texte erkennen lassen, in seiner Predigt die Ursprünge Israels höchstens indirekt beschworen. Immerhin hat sein Weinberglied – „der Weinberg Jahwes Zebaot ist das Haus Israel, und die Männer von Juda sind seine Lieblingspflanzung" (5, 7) – die Landgabe zum Hintergrund. Jesajas Blick und Wort haften aber nur auf deren Höhepunkt, auf der Erwählung des Zion und Jerusalems: „Jahwe hat Zion festgegründet, dort sind die Armen seines Volkes geborgen" (14, 22; vgl. 28, 16: Zion als „bewährter Stein, als Gründungseckstein").

Der Prophet *Micha* (um 700 v.Chr.) setzt bei seinen Gerichtsreden das Zugehörigkeitsverhältnis „Jahwe–Israel" einfach voraus. Ist allerdings 6, 1–8 authentisch, wofür gute Gründe sprechen, so stellt sich Jahwe bei Micha so vor: „Mein Volk . . ., ich

---

[13] Es kann darum gar kein Zweifel sein, daß Amos das Ethos, das er als Richtscheit für Israel anlegte, als mit der Erwählung dem Zugehörigkeitsverhältnis „Jahwe–Israel" eingestiftet ansah.

habe dich doch aus dem Land Ägypten heraufgeführt, aus dem Haus der Knechtschaft dich ausgelöst" (6, 3f).

Bei *Jeremia* (ab 620) ist die Heraus- bzw. Herausführung Israels aus Ägypten ein Grunddatum seiner Predigt, auf das er immer wieder rekurriert (vgl. 2, 6; 7, 22.25; 11, 4.7; 16, 14; 23, 7 u.a.). In 2, 6 wird Jahwe im Partizipialstil einfachhin der „Herausführer aus Ägypten" und der „Geleiter durch die Wüste" genannt, bevor der Gottesspruch weiterfährt: „Ich brachte euch in ein Gartenland, damit ihr seine Frucht und seine Güter genießen sollt" (2, 7; vgl. 7, 7). In 14, 21 – in einem von Jeremia dem Volk in den Mund gelegten Gebet – wird dies alles unter dem Stichwort b^{e}rit zusammengefaßt: „Gedenke deines ‚Bundes' (= Selbstverpflichtung) und brich ihn nicht!"

Ezechiel (ab 595 v. Chr.) beschwört in einem geschichtlichen Rückblick die Ursprünge des Verhältnisses „Jahwe–Israel" so: „Am Tage, da ich Israel erwählte, erhob ich meine Hand zum Schwur gegenüber den Nachkommen des Hauses Jakob und offenbarte mich ihnen im Land Ägypten und erhob meine Hand ihnen gegenüber zum Schwur: Ich bin Jahwe, euer Gott. An jenem Tage erhob ich ihnen gegenüber meine Hand zum Schwur, daß ich sie aus dem Land Ägypten herausführen werde in das Land, das ich ihnen bestimmt hatte, das von Milch und Honig fließt . . ." (20, 5f). Die Perspektive rückwärts wird hier so verkürzt, daß aus „dem Schwur an die Väter" ein Schwur an die Moseschar in Ägypten wird, mit welchen das Erwählungsverhältnis anhebt. Dieses Heilshandeln Jahwes am Anfang wird bei Ezechiel ausdrücklich zum verheißenden Typus zukünftigen Heilswaltens: Wieder will und wird Jahwe „mit starker Hand, mit ausgestrecktem Arm" Israel heimführen aus der Verstoßung unter die Völker (vgl. 20, 34.42).

Diese doppelte Perspektive Ezechiels wird noch stärker von *Deutero-Jesaja* (um 550 v. Chr.) entfaltet. Er erinnert die Gemeinde der Verbannten in Babylon zwar sogar an den „Noah-Bund" (54, 9), sodann an die Zuwendung Jahwes zu Abraham (41, 8) und den Vätern (43, 27), aber das fundamentale Heilsereignis ist bei ihm die Befreiung Israels aus Ägypten und das göttliche Geleit des Volkes durch die Wüste mit dem Ziel der Landgabe. Diese Gottestat ist für ihn wahrhaft „Grund legend", d. h., auf ihr baut sich noch Größeres, Zukünftiges auf: der Israel erlösende Auszug aus dem Unterdrückerland Babel (vgl. 43, 16–19; 51, 9ff; 52, 11f), die „labende" Führung durch Wüste und Einöde (42, 16; 43, 19f; 48, 21; 49, 9f; 55, 12f) und die endgültige Beheimatung in einem erneuerten Sion (vgl. 49, 14–21; 54, 1–17).

bb) Jahwe als Vater

Schon die altsemitischen mit „Vater" zusammengesetzten Namen bezeugen, daß man sich im Alten Orient vielfach die Gottheit im Vaterbild vorstellte. Von den 40 im AT mit „'ab" (Vater) gebildeten Namen ist der größte Teil als theophor anzusehen. Am instruktivsten sind dabei die für die Davidzeit bereits bezeugten Bekenntnisnamen: „Abijjah" und „Joab", die bedeuten: „Jahwe ist (mein) Vater". Doch ist es anscheinend den Propheten vorbehalten gewesen[14], diesem Bekenntnis Offenbarungscharakter zu verleihen.

Der Prophet *Nathan* hat nach 2 Sm 7, 14 dem davidischen König in einem Jahwespruch zugesagt: „Ich will ihm Vater sein, und er soll mir Sohn sein" (vgl. Ps 2, 7; 8, 9, 27). Möglicherweise wurde dieses Wort Teil des Jerusalemer Krönungszeremoniells bzw. entspricht ihm. Inhaltlich ist – im Unterschied etwa zu Ägypten – hierbei an eine Adoptivsohnschaft durch Erwählung gedacht.

Zuallermeist begegnet die Vaterschaft als Bild für die Relation Jahwe–Israel. *Hosea* hat, allen anderen Propheten voran, in 11, 1 9 die Botschaft von der Liebe Jahwes (in einer Gottesrede!) auf eine Weise im Elternbild vorgestellt, die an Intensität, ja Innigkeit in der ganzen Bibel ihresgleichen sucht: „Als Israel jung war, gewann ich es lieb und rief meinen Sohn aus Ägypten . . ." (11, 1). „Ich habe Ephraim das Gehen gelehrt, habe es auf meine Arme

---

[14] Ex 4, 22: „Israel ist mein erstgeborener Sohn" stammt wohl von deuteronomischer Hand (vgl. Dt 8, 6; 32, 5f.18.20), ist also prophetisch beeinflußt.

genommen" (11, 3). „Mit Banden der Güte zog ich sie, mit den Fesseln der Liebe; ich war (ihnen) wie solche, die den Säugling an ihr Kinn heben[15]. Ich neigte mich zu ihm und gab ihm zu essen" (11, 4). Hier ist ebenfalls nur von einem Adoptivverhältnis die Rede, aber es kommt ja auf die reale Füllung dieser Relation an, und diese ist hier von so beeindruckender Großartigkeit, daß sie auch durch die neubundliche Offenbarung nicht an Leuchtkraft verliert.

Auch der Prophet *Jesaja* darf prinzipiell die göttliche Vaterschaft verkünden, wenn das Thema auch in einer Anklage gegen das ungetreue Volk als Basis für das Strafurteil dienen muß: „Höret ihr Himmel, merke auf, du Erde! Denn Jahwe redet: ‚Söhne habe ich großgezogen und emporgebracht. Sie aber sind mir untreu geworden'" (1, 2). Hier erscheint die Zuwendung Jahwes zu Israel in der Figur des fürsorglichen Vaters, der zugleich als Vermittler der Weisheit seine Söhne groß und bedeutend machen will.

Jeremia wendet direkt das Wort Vater ('ab) auf Jahwe an: „Ich hatte gedacht: wie will ich dich herausstellen unter den Söhnen[16] und dir ein köstliches Land geben . . . Ich wähnte, du würdest mich ‚Vater' nennen und dich nicht von mir kehren" (3, 19). Im Munde Jahwes erscheint der Vatertitel in der Verheißung der Heimführung der Nordstämme, welche Jahwe so begründet: „Denn ich bin Israels Vater, und Ephraim ist mein Erstgeborener." Wie intensiv und engagiert dieses Vaterverhältnis bei Jeremia gemeint ist, läßt der Ephraimspruch von 31, 20 erkennen: „Ist Ephraim mir ein so teurer Sohn, ist er mein Hätschelkind? Sooft ich ihm auch drohe, muß ich seiner wieder gedenken: mein Innerstes regt sich für ihn, erbarmen und erbarmen muß ich mich seiner."

Blasser ist der Vaterbegriff bei Jes 45, 10; 64, 7; Mal 1, 6, weil hier der Akzent auf dem Schöpfer- und Herrsein des Vaters liegt. Nur Jes 63, 16 nähert sich mit seiner fürsorglichen Note der Va-

[15] Konjizierter, aber nach Sprache und Zusammenhang sicherer Text.
[16] Übersetzung des schwierigen Verses nach *W. Rudolph*, Jeremia = Handbuch zum AT, Bd. I/12 (Tübingen ³1968) 26. Nötscher (Echter-Bibel): „Wie will ich dich einem Sohn gleichhalten."

terbotschaft von Hos und Jer: „Du bist doch unser Vater! Abraham kennt uns ja nicht, und Israel (= Jakob) will nichts von uns wissen. Du, Jahwe, bist unser Vater! ‚Unser Erlöser von ur-an‘ ist dein Name."

Die Väterlichkeit Jahwes ist nicht als einseitig-männliche zu deuten. Das wird schon dadurch verhindert, daß im Hebräischen „sich erbarmen", „Barmherzigkeit" und „barmherzig" etymologisch an den Mutterschoß und damit an die Mütterlichkeit erinnern. In Hos 11, 1ff und Jer 31, 20 ist bereits das „Mütterliche" mit im Spiele. Jes 49, 15 bringt es in einem Gottesspruch sogar in den Vordergrund: „Vergißt wohl eine Frau ihren Säugling, eine Mutter den Sohn ihres Schoßes? Mögen auch diese vergessen: ich vergesse deiner nicht." In Jes 66, 13 wird noch deutlicher verkündet: „Wie eine Mutter werde ich euch trösten." [17]

cc) Jahwe als Hirt

Der Hirtenberuf gehört zu den ältesten und verbreitetsten Berufen des Alten Orients. Nicht nur die Nomaden, sondern auch die Seßhaften sind mit ihm vertraut. Das Wort „Hirt" wird schon früh in Mesopotamien und Ägypten metaphorisch gebraucht als Titel für die Könige. Auch die Bibel kennt diesen Gebrauch. In 2 Sm 5, 3 wird in einem Gottesspruch über David angesagt: „Du sollst mein Volk Israel weiden, und du sollst Fürst sein über Israel." Der zukünftige Heilskönig wird darum auch u. a. im Bild des Hirten angesagt (vgl. Mich 5, 3; Ez 34, 23; 37, 24). Auch die anderen verantwortlichen Führer Israels werden manchmal Hirten genannt, insbesondere in den prophetischen Scheltreden, die sie als schlechte Hirten brandmarken (vgl. Jer 10, 21; 23, 2; Ez 34, 1ff; Jes 56, 11 u.a.).

Der Titel scheint früh auf Jahwe übertragen worden zu sein (vgl. Gn 48, 15 [E]: „mein Hirte von Jugend auf" nennt ihn Jakob; Gn 49, 24 [J?]: „Hirt Israels" [Text unsicher]). Unter den Prophe-

---

[17] Wie wichtig dieser Zug im Gottesbild ist, bedarf heutzutage keiner weiteren Explikation. Es ist höchste Zeit, daß sich die christliche Verkündigung dessen erinnert.

ten[18] ist es vorab *Ezechiel,* welcher die Hirtenschaft Jahwes gleichsam ins Hochrelief bringt. Nachdem in einer Gottesschelte die Führer Israels als schlechte Hirten gekennzeichnet und für die Katastrophe des Babylonischen Exils haftbar gemacht worden sind (34, 1–10), stellt sich Jahwe selbst für die Zukunft als der „gute Hirt" vor: „Siehe, ich selbst will mich um meine Schafe kümmern und mich ihrer annehmen. Wie sich ein Hirt seiner Herde annimmt am Tage, da etliche von seinen Schafen sich verlaufen haben, so will ich mich meiner Schafe annehmen . . . Ich hole sie heim aus den Völkern und sammle sie aus den Ländern; ich bringe sie in ihre Heimat und weide sie auf den Bergen Israels, in den Talgründen und auf allen Weideplätzen des Landes . . . Ich selbst werde meine Schafe weiden, und ich selbst will sie sich lagern lassen. Das Verirrte werde ich suchen, das Versprengte zurückführen, das Verletzte verbinden, das Kranke stärken, und das Fette und das Starke hüten und es weiden, wie es recht ist" (Ez 34, 11–16). Im Folgetext (17–22) sorgt der göttliche Hirt dafür, daß auch die Schafe untereinander sich nicht bedrängen und die starken Tiere nicht die mageren und schwachen von Weide und Wasser wegstoßen.

In diesem großartigen Hirtenbild[19], welches das Wort des Jeremia: „Der Israel zerstreut hat, sammelt es und hütet es wie ein Hirt seine Herde" (31, 10), ausmalend illustriert, tritt alles Herrscherliche zugunsten des Fürsorglichen zurück. So erscheint das „Für", das Jahwes Zuwendung zu Welt und Mensch kennzeichnet, im hellen Licht. Von ihm umleuchtet, betete man in Israel fortan den „Hirtenpsalm" (Ps 23). Unser Text fand in andern Prophetentexten – wie in Jer 23, 3; Zeph 3, 19; Mich 2, 12; 4, 6f; 7, 14 (Nachträge!), Jes 40, 11; 49, 9f – sein gebührendes Echo.

---

[18] Bereits in Hos 13, 5 lesen GSTV „ich weidete dich in der Wüste" (MT: „ich erkannte dich")
[19] Die neutestamentlichen Hirtengleichnisse entlehnen ihm Linien und Farben. Diese Bezugnahme ist theologisch höchst bedeutsam, weil damit die Hirtenschaft Jesu mit der Hirtenschaft Jahwes identifiziert wird.

dd) Jahwe als König

In Mich 4, 6f wird das Ez 34 entlehnte, allerdings nur kurz anskizzierte Hirtenbild so ergänzt: „Und Jahwe wird über sie *König* sein auf dem Berg Zion von nun an bis in Ewigkeit." Ähnlich werden die Vorstellungen des Hirten und des Königs in Mich 2, 13 verbunden. Das sind zwar nachexilische Texte, aber in ihnen lebt die Erinnerung fort, daß „König" und „Hirte" im Alten Orient von früh her und dann auch in Israel korrespondierende Begriffe sind (vgl. 2 Sm 5, 3).

Wie, wann und wo ist es zum Königstitel für Jahwe gekommen, und was will er besagen? Diese Problematik wird seit Jahrzehnten in der exegetischen Forschung zu lösen versucht, aber bei einer einhellig angenommenen Lösung ist man noch nicht angelangt.

Die einschlägigen außerbiblischen Texte erweisen, daß von Anfang an irdisches und göttliches Königtum im Alten Orient in innigstem Konnex miteinander standen. Der irdische König ist in der altorientalischen Königsideologie nicht einfachhin der oberste Machthaber, sondern er ist eine Heilsgestalt. Er ist „der große Mensch" (sumerisch: lu-gal), in dem das Lebenszentrum seines Volkes pulsiert. Seine Macht ist die Garantie für das Leben und das Heil der Gemeinschaft nach außen und innen. Mit ihm hat die chaotische Epoche, in welcher das Recht des Stärkeren den Schwachen rücksichtslos beugte und auslöschte – wir könnten mit dem Dichter sagen: „die kaiserlose, die schreckliche Zeit" – ein Ende gefunden. Im so gesehenen irdischen König wird der Gottkönig repräsentiert und wirksam, dessen Schöpfermacht den Kosmos garantiert. Marduk von Babylon z.B. ist König der Götter und der Welt, weil er den Kampf mit den Chaosmächten siegreich bestanden und aus ihnen den Kosmos gebildet hat. In Kanaan hat sowohl El, der Schöpfergott, den Königstitel wie auch Baal, weil er den Meergott Jam besiegt hat.

Das Königtum in Israel ist relativ spät – zwei Jahrhunderte nach der Landnahme – entstanden. Die Macht des Königs gilt auch hier als „Lebenshauch" (vgl. Klgl 4, 21), der die Existenz des Volkes garantiert (vgl. Jes 9, 3) und zugleich, wie die „messianischen"

Texte ausweisen – vgl. vorab Jes 11, 3–5 und Ps 72 –, den Armen und Schwachen im Volke den Lebensraum einräumt und garantiert, der Willensoffenbarung Jahwes getreu. Von hier aus erst recht Jahwe den Königstitel zuzusprechen erscheint leicht. Dennoch zögerte man in Israel augenscheinlich, diese weitverbreitete Benennung des „obersten Gottes" zu rezipieren [20]. Wahrscheinlich sind sowohl die kanaanäische Mythologie wie der Molek-Kult (Kinderopfer an den Gottkönig) als hinderlich dafür empfunden worden. Möglicherweise hat man nach der Übertragung der Lade im Anschluß an den mit der Lade verbundenen Titel „Jahwe Zebaot" (= „Jahwe der Heerscharen"?) am Tempel von Jerusalem den Königstitel allmählich übernommen und vorab in Hymnen, die als Vorgänger oder Grundlagen der erhaltenen Jahwe-König-Psalmen (47; 93; 96–99) gelten können, thematisiert. Jedenfalls kennt Jesaja den Titel (6, 5), ohne aber auf ihm zu insistieren. Gerade der Jesajatext aber zeigt, daß die Rezeption mit einer Änderung der Perspektive verbunden war: zwar ist und bleibt sie auch noch kosmisch („die ganze Erde ist seiner Herrlichkeit voll", 6, 3), aber noch mehr ist sie jetzt geschichtlich; denn dieser Gottkönig ist König Israels und engagiert sich in der Geschichte, deren Mächte er nach seinem Plane lenkt. Dabei kann Israel an die Wüstentradition mit ihrem Theologumenon von „Jahwe als Herzog" anknüpfen und sie auf die Ebene der Geschichte transponieren: Jahwe an der Spitze der „Transmigration" des Gottesvolkes in der Dimension der Zeit. Seine Königsmacht ist der Schutz Israels, wie das Volk bei Jer 8, 19 in der klagenden Frage bekennt: „Ist Jahwe nicht mehr auf Zion? Sein König nicht mehr dort?" In der Zeit der großen Katastrophe des Exils erwartet man von dieser schöpferischen Königsmacht Jahwes eine neue Zukunft. Diese Erwartung beantworten die Exilspropheten positiv. So verkündet *Ezechiel:* „Mit starker Hand und gerecktem Arm und ausgeschüttetem Grimm will ich König sein über euch [21] und will euch aus den Völ-

---

[20] Ex 15, 18; Nm 23, 21; Dt 33, 5 sind keine „archaischen Stellen" (gegen *Soggin* in: THAT [1971] 916). Das gleiche gilt für M. Bubers frühe Ansetzung.
[21] Mit dem Verbum malak (Futur) ausgedrückt.

kern herausführen und aus den Ländern, wohin ihr zerstreut worden seid" (20, 33 f). Hier erhält die Königstitulatur eine stark verheißende und auf die Endzeit verweisende Bedeutung: Jahwe wird als König, der er schon ist[22], vor aller Welt seine Macht in den Dienst seines „Bundeswillens" stellen und so das Chaos der Geschichte für das Gottesvolk beenden. *Deutero-Jesaja* läßt angesichts der Nähe der von Ezechiel angesagten Befreiung und neuen Landnahme die Frohbotschaft an Zion ausrichten: „Dein Gott ist König!" (52, 7). Königtum Jahwes heißt für ihn nicht nur „Schöpfertum", sondern zugleich und noch mehr „Erlösertum": „So spricht Jahwe, euer Erlöser, der Heilige Israels: Um euretwillen sende ich nach Babel und lasse die Riegel der Kerker fallen . . . Ich bin Jahwe, der Schöpfer Israels, euer König" (43, 14f; vgl. 52, 9). Darum sagt 44, 6 schlicht: „So spricht Jahwe, der König Israels und sein Erlöser." Bei Dt-Jes wird das Königtum Jahwes, das bei ihm ein zentrales und sogar hymnisch gestaltetes (vgl. Jes 52, 7–10) Thema ist, durch diese in die Zukunft verlegte Königsproklamation allen Völkern offenbar, gewinnt also stark eschatologische und zugleich universale Züge. Die meisten Jahwe-König-Psalmen, zumindest in ihrer jetzigen Form, haben Thema und Horizont von Dt-Jes übernommen, sind also als „prophetische" Psalmen anzusprechen[23].

Selten wird nach Dt-Jes der Akzent des Königswaltens Jahwes auf sein allgemeines kosmisches und geschichtliches Walten gelegt wie etwa in Jer 10, 7.10 (inauthentisch) und Mal 1, 14. Seine das Heil Israels schaffende zukünftige Königsherrschaft hat vielmehr von nun an das eigentliche Wort. Das zeigt sich sowohl in Zeph

---

[22] Die „malak" vorangehenden Umschreibungen verweisen auf das 1. Exodusgeschehen (vgl. Dt 26, 8), das also für Ezechiel bereits Auswirkung von Jahwes Königswalten war.
[23] Daß sie zugleich als Kultlieder zu deuten sind, tut dem keinen Abbruch. Daß es sich, wie zumeist angenommen, um vorexilische Psalmen handle, ist völlig unwahrscheinlich. Selbst Ps 47 zeigt in seinem klar nachexilischen Schlußvers: „Die Fürsten der Völker versammeln sich als (oder „mit dem?") Volk Abrahams" deutlich an, aus welcher Zeit er stammt. Das „pattern" selbst geht allerdings in die Königszeit zurück.

111

3, 15 (Nachtrag) wie in den eingangs zitierten Texten von Mich 4, 6f und 2, 13, in Ob 21; Jes 24, 23 („Jesaja-Apokalypse") und Zach 14, 9.16f. Dabei erhalten diese Stellen allerdings, der beginnenden Apokalyptik entsprechend, hie und da ein betont nationales Kolorit (vgl. auch Dn 2, 44; 4, 22; 7, 27), von dem sie in der Botschaft Jesu, der die Königsherrschaft Gottes zu einem zentralen Verkündigungsthema – im Sinne der endgültigen Zuwendung Gottes zu Welt und Mensch – macht, wieder befreit werden[24].

ee) Jahwe als Gemahl

Angesichts der betonten Transzendenz Jahwes ist dieses kühne Theologumenon geradezu unerwartbar. In der Tat hat das Thema der „Gottesehe" in Mythos und Kult der Umweltreligionen, insbesondere in der Baalsverehrung, eine zentrale Stellung inne. Die Baale im AT sind lokale Ausprägungen des Himmelsbaals, der zeugend – durch Regen und Tau – die Vegetation auf Erden hervorbringt. In der sakralen Prostitution an den Kultorten suchten, im Sinne sowohl beeinflussender wie nachahmender Magie, die Kanaanäer diese für ein Bauernvolk im regenarmen Palästina so entscheidende Fruchtbarkeit im Pflanzen-, Tier- und Menschenbereich zu induzieren und wirksam werden zu lassen.

Der Prophet *Hosea* hat wie kein anderer das Eindringen baalitischer Vorstellungen und Riten in den Jahwismus – gleichsam bis in die letzten Winkel hinein – denunziert und verworfen. Um so paradoxer erscheint es, daß er es war, der die zentrale Idee des Mythos von der „Gottesehe" in Jahwes Auftrag als Vorentwurf für die äußerste göttliche Selbstoffenbarung aufgreifen und, mit entsprechender Verwandlung freilich, zur Mitte seiner Botschaft machen mußte[25].

[24] Die wohl umfänglichste und beste Information über dieses AT und NT wie mit einer Klammer verbindende Theologumenon vom Königtum Gottes gibt R. Schnackenburg in seinem Werk „Gottes Herrschaft und Reich" (Freiburg i. Br. [4]1965).

[25] Hier liegt ein instruktives Zeugnis dafür vor, wie in den „Religionen der Völker" – in keimhafter Form – auch positive Elemente bereitliegen, welche die biblische Offenbarung entfaltend und verwandelnd aufnimmt.

Dies geschieht in der Zeichenhandlung der Ehe Hoseas mit Gomer, einer Baalsverehrerin, zunächst in sozusagen negativer Weise (Hos 1, 2)[26]: Gomer soll das Jahwe gegenüber ehebrüchige und darum straffällig gewordene Israel darstellen. Das aber impliziert bereits die Aussage, daß Jahwe sein Zugehörigkeitsverhältnis zu Israel nach Analogie einer Ehe begriffen haben will. In 2, 16f spricht er dies positiv — in der Liebessprache – aus: „Ich will sie locken („verführerisch"!) und in die Wüste führen und ihr Herz umwerben. Dann will ich ihr ihre Weinberge geben und das Tal Achor zur Pforte der Hoffnung machen. Dorthin wird sie hinaufziehen wie in den Tagen der Jugend, wie damals, als sie aus dem Lande Ägypten heraufzog." 2, 18–25 entfalten dann das Thema vom (neuen) Gottesbund der Endzeit als einer (neuen) „Gottesehe". Am klarsten sagt der Gottesspruch von 2, 21f dies an: „Ich traue dich mir an auf ewig, ich traue dich mir an um Recht und Gerechtigkeit, um Liebe und Erbarmen, ich traue dich mir an um Treue, so daß du Jahwe erkennst." Die genannten Lebensgüter sind das „Kaufgeld" Jahwes; er bringt sie vorgängig zu allen menschlichen „Entsprechungen" in die „Gottesehe" mit ein. Er macht sich in seiner entschiedenen Zuwendung, die im Bild der Gemahlschaft ihre höchste und unvergängliche biblische Leuchtkraft erreicht, zum rechten, d.h. gemeinschaftsgerechten Gott, darüber hinaus zum Gott der bundeswilligen Liebe und des entsprechenden Erbarmens, und vor allem zum „Gott der Treue" (vgl. Dt 7, 9; 32, 4). Als solchen Gott, d.h. als „Jahwe schlechthin", wird das Gottesvolk ihn erfahren, so mit ihm vertraut und seiner inne werden (= „erkennen"). Diese „Gottesehe" ist anders als die des Mythus und seines entsprechenden Kults; sie ist durch und durch personal, ganz in der schenkenden göttlichen Freiheit wurzelnd, sosehr ihre Geschenke auch sinnenhaft sind: Korn und Wein und Öl und Wolle und Flachs und Silber und Gold (2, 10f).

[26] Der Vers ist trotz des neuerlichen Einspruchs *W. Rudolphs* (Hosea = Kommentar 2. AT, Bd. XIII/1 [Gütersloh 1966]) als ursprünglich anzusehen (vgl. meine Begründung in: Forschung zur Bibel, Bd. 2 (Festschrift J. Ziegler) (Stuttgart 1972) 129–136.

Hoseas Liebes- und Ehegleichnis hat Schule gemacht. In seinem berühmten „Weinberglied" läßt selbst ein *Jesaja* das Thema von Jahwe als Bräutigam kurz anklingen (5, 1). In deutlich erkennbarem Bezug zu Hos 2, 17 richtet *Jeremia* den einleitenden Gottesspruch seiner ersten Anklagerede in Jerusalem aus: „Ich trage von dir im Gedenken die Liebe deiner Jugend, die Minne deiner Brautzeit, da du hinter mir dreingingst in der Wüste, im Land ohne Aussaat" (2, 2). Auf dieser hellen Folie wirkt der vom Propheten stigmatisierte Abfall um so dunkler: „Wie eine Frau treulos handelt an ihrem Freund, so wurdet ihr mir treulos" (3, 20). Israel und Juda verhielten sich wie zwei ehebrüchige Schwestern: sie ließen sich in die unzüchtige Baalsverehrung ein (3, 6–11). Mit fast schockierenden Farben malt *Ezechiel* diese Ehebruchsgeschichte in Kap. 16 aus: Jahwe rettet das ausgesetzte Kind Israel, das daraufhin zum Mädchen heranwächst. Seine Werbung um sie schildert er so: „Ich kam wieder an dir vorüber und sah dich; und siehe, die Zeit der Liebe war da für dich. Da breitete ich meinen Gewandzipfel über dich und bedeckte deine Blöße. Ich leistete dir den Schwur und ging einen ‚Bund' mit dir ein. So wurdest du mein" (16, 8). Sie wird von Jahwe daraufhin ausgestattet als herrliche Braut (16, 9–14). Aber sie macht sich freiwillig zur Dirne (16, 15–34), „die ehebrecherische Frau nimmt statt ihres Mannes Freunde" (16, 32). Auch das jeremianische Thema von den zwei unzüchtigen Schwestern (Samaria und Jerusalem) nimmt Ezechiel auf und schildert es in aller Breite (Kap. 23). Beide Propheten hatten die Exilskatastrophe vor Augen, die von ihnen als Strafe für den „Ehebruch" gedeutet wurde.

Nachdem die Verbannung an einem Teil des Volkes ihre erzieherische Wirkung getan hatte, griff *Deutero-Jesaja* auf das Ehethema zurück und wendete es, der Grundlinie seiner Verkündigung getreu („Überbietung des ersten Exodus und der ersten Landnahme in der Zukunft"), ins Positive: „Fürchte dich nicht! Denn du wirst nicht zuschanden! Schäme dich nicht; denn du wirst nicht enttäuscht! Die Schande deiner Jungfrauenschaft (= Exil) wirst du vergessen und der Schande deiner Witwenschaft (= Exil) nicht mehr gedenken. Dein Gemahl ist ja dein Schöpfer – Jahwe Zebaot ist sein Name, und dein Erlöser ist der Heilige Israels, ,Gott der ganzen Erde' heißt er. Ja, wie eine Frau, die verlassen und verhärmt ist, ruft dich Jahwe zurück. Kann man die Gattin seiner Jugend verschmähen? spricht dein Gott" (54, 4–6). Dieses hohe, wahrhaft göttliche Zeugnis der „Gattenliebe" reicht in Ton und Aussage an die große Verheißung des Hosea heran. Die deutero-jesajanische Schule behielt es gut im Gedächtnis und gab ihm in 61, 10f und 62, 4f Echo. Auch der Autor des „Hohen Liedes", das in der Zeit eines intensiven Studiums der Überlieferungen entstand, hat sich offensichtlich – zum wenigsten teilweise – von den prophetischen Texten, welche das Verhältnis Jahwe–Israel als Liebes- und Ehebund darstellen, inspirieren lassen, um nicht nur Eros und Ehe als göttliche Gaben zu feiern, sondern auch durch deren Transparenz hindurch die „Gottesehe" in den Formen der Liebes- und Hochzeitslieder dichterisch zu beschwören.

d) Die prophetische Willensoffenbarung Jahwes

aa) Der prophetische Kampf
    um das Grundgebot (= Jahwe allein!)
Die religiöse Krise, die mit dem Übergang von der für Nomaden und Halbnomaden zugeschnittenen mosaischen Jahwereligion in einen von seiner Ackerbau- und Fruchtbarkeitsreligion stark vorgeprägten Kultur- und Zivilisationsraum verbunden war – sie beginnt nach der Überlieferung bereits bei der ersten Kontaktnahme mit der kanaanisierten transjordanischen Bevölkerung (Nm 25, 1ff, JE) –, zog sich über Jahrhunderte hin. In diese Konfrontation haben sich die Propheten mit der Vollmacht eingeschaltet, die Mich 3, 8 so umschreibt: „Ich bin erfüllt mit Kraft, mit Jahwes Geist, mit Rechtssinn und Stärke, um Jakob sein Unrecht zu verkünden und Israel seine Schuld."

Nach der deuteronomistischen Deutung des Geschehens (1 Kg 11, 31ff) hat bereits der Prophet *Achia* die Teilung des Salomonischen Reiches angesagt, weil Salomo – trotz des Tempelbaus für

Jahwe – Fremdkulte duldete, ja sogar positiv förderte. Im Nordreich ist um 850 v. Chr. der Prophet *Elia*[27] aufgestanden gegen die zunehmende Baalisierung Israels unter Achab und Jezabel. Mit der Parole „Jahwe ist der Gott" ging er in das von ihm provozierte Gottesurteil auf dem Karmel (vgl. 1 Kg 18) und führte seinen zeitweilig erfolgreichen Kampf bis zur Vernichtung der Baalsdiener fort. Wie aber die Predigt des *Hosea* (100 Jahre später) zeigt, war nach der gelungenen Abwehr eines Religionswechsels durch die Tätigkeit von Elia und Elischa und der hinter ihnen stehenden prophetischen Kreise eine andere Gefahr akut geworden: die synkretistische Überwachsung und Durchsetzung des Jahwismus durch Vorstellungen und Riten des Baalskultes. Hosea deckte in seiner Verkündigung diese „Buhlerei" Israels bis in ihre feinsten Verästelungen auf und kämpfte gegen diese Untreue gegenüber Jahwe, wie sie sich in Glaube und Kult, aber auch in der Politik breitmachte. Auf alle Weisen versuchte er, Volk und Führer dahin zu bringen, sich allein auf Jahwe als den Grund und Garanten ihrer Existenz zu stellen; er verfolgt dieses Ziel nicht nur mit einschüchternden Hinweisen auf den strafenden Gott, den er sogar mit tierförmigen Bildern beschwört (Panther in 13, 7, Bär in 13, 8, Löwe in 5, 14), sondern auch mit der lockenden Botschaft vom „Gemahl" (2, 18), vom „Vater", in dessen Herzen das Mitleid über den Zorn siegt (11, 8f), ja sogar vom „Lebensbaum": „Ich bin wie eine immergrüne Zypresse; von mir her kommt deine Frucht" (14, 9).

Im Südreich ging es um diese Zeit, wie *Jesajas* Tätigkeit zeigt, weniger um den Abfall zu fremden Göttern als um die Untreue des Unvertrauens: der König und die führenden Kreise setzen nicht auf Jahwe, obwohl sie ihn kultisch verehren, sondern auf irdische Machtmittel und Mächte (vgl. Jes 7). Mit seinem berühmten Wort: „Nehmt ihr nicht Stand (in Jahwe), habt ihr keinen Beistand"[28] (7, 9) hat Jesaja – ähnlich wie dies in Gn 15, 6 geschieht –

---

[27] Schon sein Name (= Gott ist Jahwe!) verrät sein Lebensprogramm.
[28] Seit Luther meist zitiert als „Glaubet ihr nicht, so bleibet ihr nicht."

den vertrauenden Glauben an Jahwe allein als die erste und entscheidende menschliche Grundantwort auf die entschiedene Zuwendung Jahwes gekennzeichnet. Das Gottesvolk muß in dieser Hinsicht allen irdischen Abstützungen für seine Existenz entsagen [29]. Darum warnt der Prophet: „Wehe denen, die nach Ägypten um Hilfe ziehen und sich auf Rosse stützen! Sie verlassen sich auf Streitwagen, weil ihrer viele sind, und auf Reiter, weil sie gar stark sind. Doch auf den Heiligen Israels schauen sie nicht, und nach Jahwe fragen sie nicht . . . Ägypten ist doch Mensch und nicht Gott, seine Rosse sind doch Fleisch und nicht Geistbraus" (31, 1–3) [30].

Unter König Manasse (ca. 690–630) drangen auch im Südreich Fremdkulte bis ins Heiligtum von Jerusalem vor, so daß sich *Zephanja* (ab 630) in 1, 4ff, *Jeremia* (ab 625) in vielen seiner Anklagereden – u. a. auch gegen den Kult der „Himmelskönigin" (7, 18; 44, 16–25) – und noch *Ezechiel* (ab 597) – vgl. vorab 8, 1–16 – für die Wahrung des Grundgebotes einsetzen mußten. Erst das Exil bewirkte und besiegelte die Durchsetzung des reinen Jahweglaubens, nicht ohne den großen Einsatz des *Deutero-Jesaja,* der immer wieder die Ohnmacht der von den „Heidenvölkern" hochverehrten Göttermächte aufzeigte. Allerdings lebten nach der Rückkehr aus Babylon einzelne abgöttische Winkelkulte (vgl. Jes 65, 3ff.11) in Juda wieder auf. Dennoch war beim Erlöschen des Prophetismus (5. Jh.) sein Ziel: Jahwe allein! – wenigstens theoretisch – grundsätzlich erreicht.

bb) Das Engagement der Propheten
  für die mitmenschliche Gerechtigkeit

Die „Horizontale" gehört, wie schon zur Genüge dargelegt wurde, zu den Wesenskonstituenten des Jahwismus, und dies von seinen mosaischen Ursprüngen her. In ihr bezeugt sich auf eindrückliche Weise die „Selbstverfassung" Gottes auf die Menschen hin. Doch

---

[29] Ein zu allen Zeiten aktuell zu Bedenkendes!
[30] Vgl. zum gleichen Thema Jes 30, 15f; Hos 14, 4 und Sach 4, 6: „Nicht durch Macht und nicht durch Kraft, sondern durch meinen Geistbraus."

erlag man auch in Israel immer wieder der unausrottbaren allgemeinmenschlichen Versuchung, die Praxis der Jahwereligion in der Pflege der „Vertikalen" zu sehen und zu suchen. In dieser Perspektive wurden Opferdienst und Gottesdienst zu austauschbaren Begriffen. Einer so vom Menschen entworfenen allgemeinreligionsgeschichtlichen „Religion" haben wiederum die Propheten im Namen der Jahweoffenbarung[31] radikal widersprochen.

Ein frühes und instruktives Beispiel dafür liefert der beamtete – und so von seinem König bezahlte – Hofprophet *Nathan*. Seiner göttlichen Sendung entsprechend tritt er vor David, seinen Herrn, und zieht ihn im Namen Jahwes zur Rechenschaft, weil er die Frau des Hethiters Uria, eines seiner Offiziere, begehrte, sie verführte und ihren Mann an der Front dem Tode auslieferte, um sie dann zu heiraten[32].

Eine exemplarische Erzählung für ein analoges mitmenschliches Engagement des Propheten *Elia* ist uns in 1 Kg 21 überliefert: er tritt – mit allen Risiken eines solchen Schrittes – für den Freibauern Nabot und seine Familie ein, der seine Weigerung, seinen von den Vätern ererbten Anteil am „Land Jahwes" an König Achab zu verkaufen, nach einem Scheinprozeß (unter falscher Anschuldigung) mit dem Tode und der Ausrottung seiner Familie bezahlen mußte. Dieser eklatante Bruch des Gottesrechtes durch das Königshaus[33] ruft das durch Elia übermittelte Verwerfungswort Jahwes auf den Plan.

In der politischen, militärischen und wirtschaftlichen Blütezeit des Nordreiches unter König Jerobeam II. (ca. 785–745), in welcher zugleich die schon erwähnte Überwachung des Jahwismus durch den Baalskult fällt (vgl. Hosea), wird nicht zuerst Hosea, sondern der Prophet *Amos* (ab 760), von Hause aus ein Herdenbesitzer und Maulbeerfeigenzüchter, nach dem Reich Israel entsandt. Seine Strafpredigt berührt Probleme des „Credo" und

---

[31] Was Religion vor Gott ist, kann nur Gott selbst offenbaren.
[32] Die entsprechenden Verbote der „Bundescharta" sind das 9., 6. und 5.
[33] Auf den Dekalog übertragen, war dadurch die „Bundescharta" im 10., 8., 5. und 7. Gebot gebrochen worden.

überhaupt der „Vertikalen" höchstens am Rande, setzt sich aber mit aller Vehemenz allenthalben für den „mišpaṭ", d. h. in unserer Sprache: für die Menschenrechte der von den führenden Kreisen wirtschaftlich, sozial und rechtlich „Gebeugten", d. h. Ausgebeuteten, ein. Beispielhaft dafür ist der Gottesspruch: „Ich hasse und verwerfe eure Feste. Eure Kultversammlungen kann ich nicht riechen . . . An euren Gaben habe ich kein Gefallen, und auf das Opfer eurer Mastkälber blicke ich nicht. Hinweg von mir mit dem Lärm eurer Psalmen! Das Spiel eurer Harfen will ich nicht hören. Wie Wasser flute das Recht, und die Gerechtigkeit wie ein nie versiegender Bach!" (5, 21 ff). An festlichen Opferfeiern und großem Wallfahrtsbetrieb fehlte es zur Zeit des Amos in Israel nicht. Insofern bekam – um es ironisch zu sagen – Jahwe auch etwas mit vom damaligen „Wirtschaftswunder". Aber das Anliegen Jahwes war etwas ganz anderes; aus den schweren Anklagen des Amos wird es offenbar: die Bedürftigen (2, 6; 4, 1; 5, 12; 8, 4.6), die Hilflosen (2, 7; 4, 1; 5, 11), die „Gebeugten" (= Bedrückten 2, 7; 8, 4) finden vor Gericht kein Recht (vgl. 2, 7; 5, 10.12; 6, 12), und sie werden von den führenden Schichten wirtschaftlich ausgebeutet (2, 7 f; 4, 1; 5, 11; 6, 4 ff; 8, 4 ff), sind also zu Mitteln und Objekten des Macht-, des Erwerbs- und des Genußtriebes degradiert. Darum muß Amos den Tod für ein solches „Jahwevolk" ansagen, und dies zuletzt unerbittlich [34]. Aber nicht nur Israel holt sich am „Zertreten" der Menschen" (2, 7; 8, 4) den Tod, auch die Völkerwelt wird wegen Unmenschlichkeit ins göttliche Strafgericht gestellt (1, 3–2, 3) [35].

Zur Sendung des Amos durch Jahwe sollte bedacht werden und im Gedächtnis auch des neubundlichen Gottesvolkes haften: die religiösen Zustände und die Gefährdung des „Credo" können in Israel um 760 nicht weit entfernt gewesen sein von denen, die Hosea (ab 750) anklagt (Synkretismus). Und dennoch muß der erste

---

[34] Vgl. die Steigerung der Strafankündigung in den Gerichtsvisionen: 7, 1–9; 8, 1 ff; 9, 1 ff.
[35] Bedeutsam ist besonders der Moab-Spruch 2, 1–3, weil es dort nicht um die Grausamkeit gegen Israeliten geht, sondern um Verbrechen Moabs an Edom.

Gottesbote, Amos, zuerst den Bruch der „Horizontalen" anklagen. Was sie für Jahwe bedeutet, wird am Phänomen dieser „Erstsendung" des Amos und am Todesurteil Jahwes über Israel, das Amos überbringen muß, offenbar[36].

Nach Amos wird *Hosea* (ab 750) berufen. Seine Hauptaufgabe ist der Kampf gegen den Baalismus und sein Eintreten für „Jahwe allein!" in allen Lebensbereichen. Aber der Offenbarungsgott wäre sich selbst nicht treu und Hosea kein Nachfolger des Mose, als der er sich weiß (vgl. 12, 14), wäre in seiner Botschaft die „Horizontale" der Gemeinschaftspflichten zweitrangig im üblichen Sinne. Sein erster Gerichtsspruch ergeht über „die Blutschuld des Hauses Jehu" (1, 4)[37]. Dem „opferwilligen" Volk muß er im Namen Jahwes verkünden: „Liebe will ich, nicht Schlachtopfer, Gotteserkenntnis, nicht Brandopfer" (6, 6) – ein Spruch, den der matthäische Jesus zweimal untersiegelt (Mt 9, 13; 12, 7). Gotteserkenntnis bei Hosea heißt aber nach 4, 2f: das „Verfluchen, Lügen, Morden, Stehlen, Ehebrechen . . ." als widergöttlich erkennen und anerkennen, weil es Jahwes Willensoffenbarung, ja seinem geoffenbarten Jahwe-sein selbst radikal wiederspricht.

Man bezeichnet die Propheten manchmal als die großen Theologen Israels und nennt als ersten unter ihnen *Jesaja* (ab 740 v. Chr.). In der Tat ist seine Botschaft vom heiligen Gott und von der Pflicht, sich ihm in Glauben und Demut zu beugen, höchst bedeutsam für die biblische Offenbarung. Dennoch vergleicht er die ihrer göttlichen Erwählung nach „heilige Stadt" Jerusalem mit Sodoma und Gomorrha (1, 10), weil zwar viel „Gottesdienst" (Kult), aber keine Gerechtigkeit in ihr ist. Darum erhebt er über sie Klage: „Wie ist doch zur Dirne geworden die treue Stadt! Von Recht war sie (einst) erfüllt, Gerechtigkeit weilte darin, jetzt aber Mörder! . . . Deine Führer sind Widerspenstige und Diebesgesellen. Sie alle lieben Bestechung und laufen der Bezahlung nach. Sie

---

[36] Für den Offenbarungsgott ist also die Abtrennung der „Vertikalen" von der „Horizontalen" offensichtlich die Häresie schlechthin.
[37] Offensichtlich ist das alles Maß sprengende blutige Wüten des sonst auf die Förderung des Jahwekultes bedachten Königs Jehu gemeint (vgl. 2 Kg 9, 1–10, 17).

schaffen kein Recht für die Waise, und die Sache der Witwe gelangt nicht an sie" (1, 21–23). Jesajas Wehesprüche ergehen über die, „welche Haus an Haus reihen und Feld an Feld fügen" (5, 8), „welche den Schuldigen gegen Bezahlung freisprechen, aber dem Gerechten das Recht entziehen" (5, 23), „welche den Armen meines Volkes das Recht rauben, Witwen ausbeuten und Waisen ausplündern" (10, 2). In seinem berühmten Lied von Jahwes Weinberg (5, 1–7) schildert er zunächst die Arbeit und Mühe des göttlichen Winzers an seinem Weinberg (= Juda und Jerusalem): „denn er hoffte, daß er Trauben brächte, aber er brachte Stinklinge". Wer nun erwartet, Jesaja ziele hier auf den wahren Glauben (fides quae) oder die Frömmigkeit, jedenfalls auf die „Vertikale" bzw. ihr Fehlen, irrt sich sehr, weil der Prophet das Lied so entschlüsselt: „Jahwe hoffte auf Rechtspruch (mišpaṭ) und siehe da: Rechtsbruch, auf Gerechtigkeit (ṣedaqah) und siehe da: Wehegeschrei (sc. der Gebeugten)." Hier stellt sich der Prophet in eine Reihe mit Amos und nimmt auch dessen Kultkritik auf mit dem Gottesspruch: „Bringt nicht länger nutzlose Opfer dar, ein greuelhaftes Rauchwerk sind sie mir . . . nicht halte ich Frevel und Festlichkeit aus. Eure Neumonde und Festzeiten haßt meine Seele. Sie sind mir zur Last geworden; ich bin es müde, sie zu tragen. Wenn ihr eure Hände ausbreitet, verhülle ich meine Augen vor euch. Wenn ihr noch soviel betet, ich erhöre euch nicht. Eure Hände sind voller Blutschuld" (1, 13–15). Dieser bei den Propheten beliebte Terminus „Blutschuld" (damim, plur. von Blut, Hos 1, 4; Ez 22, 2; 24, 6) meint nicht nur den Justizmord oder überhaupt die vollendete Mordtat, sondern jegliche schwere „Untat" am Nächsten, die aus einem „Nein" kommt, dessen logisches „Gefälle" letztlich die „Vernichtung" ist (vgl. Mich 3, 10).

Micha, der jüngere Zeitgenosse des Jesaja, ebenfalls in Jerusalem wirkend, mit Recht öfter „der Amos des Südreiches" genannt, fühlt sich von Jahwe „mit Kraft . . . mit Rechtssinn (mišpaṭ) und der Stärke erfüllt, um Jakob sein Unrecht zu verkünden und Israel seine Schuld" (3, 8). Diese Schuld ist „Blutschuld" (3, 10), Bestechlichkeit der „Häupter und Richter" (3, 9), Gewinnsucht der

Priester und Propheten (3, 10), das allgemeine Bauernlegen (2, 1ff) und die Ausbeutung der Schwachen durch die Schuldknechtschaft (2, 8ff). Nach 6, 6f[38] bietet die bußwillige Kultgemeinde jede Menge von Opfern an, sogar die männliche Erstgeburt, um ihren religiösen Ernst zu dokumentieren. Doch der Prophet muß antworten: „Man hat dir (bereits) verkündet, o Mensch, was gut ist und Jahwe an dir sucht: nichts anderes als Gerechtigkeit üben, den Brudersinn (hesed) lieben und in Dienmut wandern mit deinem Gott" (6, 8). Hier ist die Grundweisung Jahwes, wie sie von Mose an erging und von Amos, Hosea und Jesaja ausgelegt wurde, in eine lapidare Formel zusammengefaßt, die zugleich die Substanz des Dekalogs gewissermaßen spiegelbildlich (Gemeinschaftspflichten vor der Gottbeziehung!) widergibt. Damit wird der ideale bundespartnerische Mensch gekennzeichnet, und zwar so kurz und zugleich so treffend, wie das kaum mehr sonstwo in der Bibel der Fall ist. Der Spruch ist gleichzeitig transparent auf Jahwe selbst hin, der „Recht und Gerechtigkeit, Liebe, Erbarmen und Treue" (vgl. Hos 2, 21) einbringt in seine bundeswillige Zuwendung zur Menschheit.

Der Prophet *Zephanja* (um 630) bekämpft nicht nur die Fremdkulte, die in der langen Regierungszeit des „gottlosen" Königs Manasse (ca. 690–630) sich in Juda breitmachten, sondern auch das wirtschaftliche und soziale Unrecht (vgl. 1, 10f; 3, 3f) in Jerusalem, „der gewalttätigen Stadt" (3, 1). Seine Devise lautet: „Sucht Gerechtigkeit, sucht Demut!" (2, 3). Seine Verheißungsworte gelten einem „demütigen und armen Volk" (3, 12). Dieser „Rest Israels wird kein Unrecht mehr tun, nicht mehr Lüge reden, und in ihrem Munde wird keine trügerische Zunge mehr gefunden werden" (3, 13).

Der jüngere Zeitgenosse des Propheten Zephanja, *Jeremia,* setzt

---

[38] Die Authentizität von 6, 1–8 ist allerdings umstritten, doch gibt es auch gute Gründe für seine Echtheit: Erwähnung von Ölopfern und Opferung der menschlichen Erstgeburt weist auf vorexilische Zeit; die weisheitlich formulierte Antwort des Propheten (6, 8) ist aus der überlieferten Sippenweisheit seines Milieus erklärlich.

sich noch stärker für das „Gottesrecht" ein, sosehr er auch immer wieder den Bruch des Grundgebotes – durch Verehrung des Baal und der Gestirngötter, vornehmlich der „Himmelskönigin" – stigmatisiert. Nach 5, 1ff ist in Jerusalem Redlichkeit und Treue dahin, der Meineid an der Tagesordnung, und „jeder wiehert nach der Frau seines Nächsten" (V. 8). Die „Häuser sind gefüllt mit Betrug", „man spricht der Waise nicht Recht, die Sache der Armen entscheidet man nicht" (5, 27f). Angesichts dieser schlimmen Zustände bekennt der Prophet: „Hätte ich eine Hütte am Weg in der Wüste, ich verließe mein Volk und trennte mich von ihm! Denn alle sind sie Ehebrecher, eine Rotte von Treulosen. Sie richten die Zunge wie ihren Bogen. Trug und nicht Treue hat die Herrschaft im Land" (9, 1f). Jeremia muß all dies am eigenen Leib erfahren, selbst von seiten seiner Verwandten (11, 18ff; 12, 6). Er wird dennoch nicht müde, überall, vor allem vor dem König, für Recht und Gerechtigkeit zu plädieren (21, 1; 22, 3ff). In seiner berühmten Tempelrede, die ihm beinahe das Leben kostete, denunziert er das falsche Vertrauen auf das Heiligtum, dessen Zerstörung er ansagt, weil es von „Bundesbrechern" entweiht wird. „Nicht wahr, stehlen, morden, ehebrechen, falsch schwören, dem Baal opfern und anderen Göttern nachlaufen, von denen ihr nichts wißt, und dann kommt ihr und tretet vor mich hin in diesem Haus, das meinen Namen trägt, und sagt: ‚Wir sind gesichert', um dann alle jene Greuel zu wiederholen", muß Jeremia im Tempelhof im Namen Jahwes verkünden (7, 9f). Den auf den Opferkult Bauenden richtet er den Gottesspruch aus: „Häuft nur Brandopfer auf Schlachtopfer und eßt Fleisch! Als ich eure Väter aus dem Land Ägypten führte, habe ich ihnen nichts gesagt und nichts geboten über Brand- und Schlachtopfer, sondern dies Gebot gab ich ihnen: Höret auf meine Stimme, so will ich euer Gott sein, und ihr werdet mein Volk sein, und wandert ganz auf dem Wege, den ich euch gebiete, daß es euch wohl ergehe!" (7, 21-23; vgl. 6, 20). In diesem Spruch erreicht die Kultkritik der Propheten ihren Höhepunkt. Man darf sie nicht, wie es neuerdings häufig geschieht, unter Annahme taktischer Übertreibung zu entschärfen versuchen. Gewiß wird hier nicht einfach jeglicher Opferdienst verworfen; aber selbst der legale Opferkult wird wenigens aus dem Zentrum der Offenbarungsreligion verwiesen zugunsten der personalen und sittlichen Grunddimension, die von den Ursprüngen her, wie der Prophet gut – und geschichtlich richtig![39] – weiß, das Wesen des Jahwismus ausmacht.

Die Kette der Mißerfolge des Propheten, unter denen er persönlich schwer litt, schien bei Beginn der Belagerung Jerusalems durch die Neubabylonier (588 v. Chr.) durch einen Erfolg abgelöst zu werden: die führenden Kreise, zusammen mit dem König Zidkia, schlossen „vor Jahwe" ein feierliches, mit einer bedingten Selbstverfluchung besiegeltes Abkommen (berit)[40], alle im Sklavenzustand befindlichen Volksgenossen freizulassen (34, 8-22). Man ließ sie auch tatsächlich frei. Als die Belagerer – zur Abwehr eines ägyptischen Entsatzheeres – die Belagerung abbrachen, fing man aber die Freigelassenen wieder ein und versklavte sie von neuem. Auf dieses wahrhaft himmelschreiende Unrecht hin mußte Jeremia das nun durch nichts mehr aufzuhaltende Gericht ansagen: „So will ich euch eine Freilassung verkünden – Spruch Jahwes – für Schwert, Pest und Hunger und euch zum Entsetzen machen für alle Reiche der Erde" (34, 17). Mit dem Bruch des „Gottesrechtes", das die „Menschenrechte" garantiert, hat Jerusalem über sich selbst „den Stab gebrochen". Die von Jahwe von lang her angedrohte Katastrophe wurde jetzt unausweichlich.

Der Priesterprophet *Ezechiel,* der bereits ab 597 unter den Verbannten in Babylon wirkte, hat im Rückblick das Versagen Israels als Gottesvolk am düstersten von allen Propheten dargestellt. Seiner Herkunft nach legte er begreiflicherweise den Akzent auf den Bruch des 1. Gebotes durch Götzendienst. Dennoch hat er nicht versäumt, die Anklage auch immer wieder auf die sogenannte „2. mosaische Tafel" auszudehnen. Ihre radikale Mißach-

---

[39] Die Ritualgesetzgebung, die im Pentateuch einen breiten Raum einnimmt, ist, wiewohl mit dem Mosenamen verbunden und autorisiert, exilisch-nachexilisch. Für die Wüstenzeit ist mit keinen bedeutenden Kultinstitutionen zu rechnen.

[40] Man schritt dabei zwischen zwei Tierhälften hindurch mit der Beteuerung: „So soll mir geschehen, wenn ich die Verpflichtung breche." Vgl. Gn 15, 9.17f.

tung führt bei ihm zur Bezeichnung Jerusalems als „Blutstadt"
bzw. „Stadt der Blutschuld" (22, 2; 24, 6.9), wie sonst nur Ninive
(in Nah 3, 1) genannt wird. In einem *Gottesspruch* wirft er ihr vor:
„Siehe, die Führer Israels, jeder auf seine Kraft pochend, sind in
dir, um Blut zu vergießen. Vater und Mutter achtet man in dir ge-
ring; gegen die Fremden in deiner Mitte verübt man Bedrückung;
Waisen und Witwen mißhandelt man in dir. Was mir heilig ist, ver-
achtest du, meine Sabbate entweihst du. Verleumderische Menschen sind in dir, um Blut zu vergießen. Fleisch mitsamt dem Blut
ißt man in dir. Unzucht verübt man in dir . . . Ein jeder verübt mit
der Frau seines Nächsten Greuel . . . Bestechung nimmt man in dir
an, um Blut zu vergießen. Du nimmst Zins und Wucher und über-
vorteilst deinen Nächsten mit Bedrückung, mich aber hast du vergessen" (22, 6-10). Jahwe stellt sich hier eindrucksam vor als Anwalt der von ihm in der „Bundescharta" garantierten Menschenrechte. Nach 16, 48 f ist Jerusalem schlimmer als ihre „Schwester
Sodoma", deren Hauptschuld war, „dem Elenden und Armen
nicht die Hand zu reichen." 18, 6 ff entwickeln und umschreiben
das Verhalten dessen, der „gerecht ist und Recht und Gerechtigkeit übt": nicht auf den Bergen essen[41], seine Augen nicht zu den
Götzen des Hauses Israel erheben, die Frau seines Nächsten nicht
beflecken, einer Frau während der Menstruation nicht nahen, niemanden bedrücken, das Pfand zurückgeben, keinen Raub bege-
hen, dem Hungrigen Brot geben, den Nackten bekleiden, nicht auf
Wucher ausleihen, keinen Zins nehmen, vom Unrecht die Hand
zurückhalten, ehrlich Recht sprechen zwischen den Parteien. Gewiß ist hier auch von kultisch-rituellen Vorschriften die Rede, aber
sie sind weit in der Minderzahl und geben zugleich der „Horizontalen" ihren besonderen Stellenwert, indem sie sie unlösbar in die
religiöse Existenz „vor Jahwe" hineinbinden.

Die neue Jerusalemer Gemeinde, welche nach dem Exil allmählich die Gestalt eine Priestertheokratie annimmt, darf – dafür

---

[41] Verschiedentlich korrigiert man in: „Fleisch mitsamt dem Blut essen." Der hebräische Text zielt auf die verbotenen Höhenheiligtümer.

sorgen die wenigen prophetischen Stimmen, die noch vernehmbar sind – trotz aller Profilierung dessen, was sie von den Heidenvölkern trennt (vor allem kultische Kennzeichen wie Beschneidung, Sabbat, Enthaltung von Blutgenuß, keine Mischehen, rituelle Reinheit usw.) die ethisch-soziale Dimension des Dekalogs nicht in den zweiten Rang stellen.

In den Texten der Deutero-Jesaja-Schule (*Trito-Jesaja* genannt, Jes 56-66) treffen wir zwar auch kultische Interessen an – vorab das Eintreten für die Heiligung des Sabbats in 56, 2.4.6; 58, 13f, die hier unter „Recht und Gerechtigkeit" subsumiert wird (vgl. 56, 1f) –, doch finden sich eine größere Zahl von Stellen, welche das Verhältnis von Mensch zu Mensch in der Weise der vorexilischen Propheten als Jahwes besonderes Anliegen in Erinnerung rufen. Exemplarisch dafür ist die „Fastenpredigt" von 58, 1-12. Danach ist Fasten als Enthaltsamkeit von Speise und Trank und büßende Kasteiung keine Gott beeindruckende und ihm gefällige Leistung. Der Gottesspruch des Propheten zeigt dagegen auf, was ein Fasten ist, „das Jahwe liebt": Ungerechte Fesseln lösen, Knoten des Joches aufmachen, Bedrückte freilassen, jedes Joch zerbrechen, dem Hungrigen Brot brechen, arme Obdachlose ins Haus lassen, Nackte bekleiden, sich dem Bruder nicht entziehen (58, 6-8). Ein Jahwe wohlgefälliges Fasten ist also nur der ich-vergessene Überstieg zum Du des Mitmenschen [42].

Der von Hause aus stark kultisch ausgerichtete Prophet *Sacharja* (ab 520) – er und sein etwas älterer Zeitgenosse Haggai sind die erfolgreichen Promotoren des Baues des neuen nachexilischen Tempels – muß in einer Antwort an die noch in Babel Weilenden ebenfalls klarstellen, daß das seit der Zerstörung Jerusalems eingeführte, zweimal im Jahre gehaltene Bußfasten von Jahwe nicht honoriert wird (7, 5f). Gott komme es auf die Einhaltung seiner von den Propheten einst übermittelten Grund-

---

[42] Das hätte auch in der christlichen Aszetik immer in den Vordergrund gerückt werden müssen; und dies gilt ganz allgemein für alle „Übungen der Frömmigkeit"; jeder andere Ansatz, mag er noch so gut gemeint sein und sich sogar als nützlich erweisen, ist nicht spezifisch biblisch und christlich.

weisungen an: „Kennt ihr nicht die Worte, die Jahwe euch zurief durch die früheren Propheten . . .: Haltet ehrliches Gericht und übt gegenseitig Liebe und Erbarmen! Witwe und Waise, Fremdling und Arme bedrückt nicht und plant nicht Böses gegeneinander in euren Herzen!" (7, 7-9). Weil man mit „widerspenstigem Nacken" und „vestopften Ohren" dem zuwiderhandelte und „das Herz hart wie Diamant machte" (7, 11f), kam über Israel die schlimme Katastrophe des Exils (vgl. 7, 12.14).

Der Prophet *Maleachi* (um 460) sieht zwar seine Hauptaufgabe darin, den ehrfurchtslos gewordenen Opferdienst im Sinne gottgefälliger Würdigkeit zu reformieren, aber er hat auch das Gotteswort zu verkünden: „Ich nahe euch zum Gericht, und ich bin ein schneller Kläger gegen Zauberer und Ehebrecher und gegen Meineidige, gegen die, welche Taglöhner, Witwen und Waise bedrükken, das Recht des Fremden beugen und mich nicht fürchten." Maleachi ist es auch, der im Namen Jahwes für die Frauen eintritt, die nach dem Verblühen ihrer Reize von ihren Gatten – dank eines die Männer begünstigenden Scheidungsrechtes – entlassen werden (2, 14-16). Eine solche Behandlung der Frau ist „Treulosigkeit" (2, 14), ja „Gewalttat" (2, 16) und ruft Jahwes Gericht heraus [43].

7. Das Zeugnis
der priesterlichen Tradition und Lehre

Die Priester des altbundlichen Gottesvolkes sind von Hause aus nicht in erster Linie „Opferer" (sacerdotes!), wie ein Blick auf die nachexilische Hierokratie annehmen lassen möchte [44]. Wie Ex 24,

[43] Mal 2, 14-16 ist damit eine bedeutsame, leider zumeist unbekannte Vorstufe zu Mt 5, 31 und Mk 10.11 f.
[44] Die „Brille" des Hebräerbriefes verstärkt für Christen zumeist diesen Eindruck. Doch will der Hebräerbrief nicht das Gesamt der atl. Priesterfunktionen in den Blick bringen. Zur Sache selbst vgl. *A. Deissler*, Das Priestertum im Alten Testament, in: Der priesterliche Dienst I = Quaestiones disputatae, Bd. 46 (Freiburg i. Br. 1970) 9-80.

7 geradezu exemplarisch dartut, wie auch Lv 10, 11: Dt 10, 8 f; 27, 9 f; 31, 9 f; 33, 8.10 und insbesondere Hos 4, 6 unterstreichen, ist die Bewahrung und Verkündigung der Willensoffenbarung Jahwes ihre zentrale Aufgabe. Gehört doch der „Wortgottesdienst" wesenhaft und darum unabdingbar zur Liturgie des Gottesvolkes. Nach einer Nachricht des Chronisten (2 Chr 17, 8 f) machte es König Josaphat (874-49) Priestern und Leviten auch zur Aufgabe, in das Land hinauszuziehen und in allen Städten Judas das Volk im Gesetze Jahwes zu unterweisen. Freilich brachte es die Entwicklung mit sich, daß sich das Interesse der Priesterschaft immer stärker auf den für sie auch einträglichen Opferdienst konzentrierte, was immer wieder die prophetische Kritik an den Priestern auslöste (vgl. Hos 4, 8; 5, 1; Jes 28, 7; Zeph 3, 4; Jer 2, 8; 6, 13 u. a.). In ihrer Mitte entwickelte sich im Laufe der Zeiten eine überaus reiche und detaillierte Ritualgesetzgebung. Die Heiligkeit Jahwes – ein Schlüsselbegriff der Priestertradition! – erfordert nach priesterlicher Überzeugung auch das strenge Ausgrenzen „heiliger Bereiche": des Sabbats aus der Dimension der Zeit, des Tempels aus der Dimension des Raumes, Israels aus der Völkerwelt durch die Beschneidung, des religiösen Verhaltens aus dem Alltagsleben durch besondere – kultisch gemeinte – Reinheitsvorschriften. In diesen besonderen Enthaltsamkeits- und Reinigungsgeboten erhält der religionsgeschichtlich bekannte Vorstellungskreis des „Tabu" in einer uns fast schockierenden Weise eine „Neuauflage". Aber zu einer gerechten Beurteilung dieses Phänomens bedarf es folgender Anmerkungen: 1.) Diese Vorschriften gehen z. T. auf eine strikte Abgrenzung gegenüber kanaanäischen Riten zurück (z. B. Sexualriten, Bevorzugung von Schweineopfern etc.). 2.) Sie sind von ihrem ursprünglich meist magischen Mutterboden gelöst und in den Rang von puren, Ehrfurcht und Gehorsam bezeugenden Zeichen gegenüber dem Herrschaftsanspruch Jahwes aufgerückt. 3.) Die ganze Existenz des Gottesvolkes und seiner Glieder wird nach der Weise einer alles umfassenden Liturgie entworfen, die als solche einer festen Regelhaftigkeit (Rubriken!) bedarf. 4.) Die Perspektive, in der P

den Kult – und damit das Ritualgesetz – sieht, ist diese: Der im Heiligtum in seiner „Herrlichkeit" (kabod) gegenwärtige Gott gewährt im Kult und durch ihn dem sündigen Volk die Entsühnung als das große göttliche Gnadengeschenk.

In der Tempelliturgie rückt unter priesterlichem Einfluß nach dem Erlebnis so vieler Katastrophen des Volkes – von den Propheten als Frucht der Sünden Israels interpretiert! – der Sühnegedanke immer stärker in den Vordergrund. „Das Brandopfer als totale Hinopferung eines Tieres, dem der Mensch die Hände auflegt, an Gott wird zum Opfertyp."[45] Das Gemeinschaftsmahlopfer (Schlachtopfer, Friedopfer), in vorexilischer Zeit als sinnenfälligster Ausdruck des Zusammengehörigkeitsverhältnisses „Jahwe–Israel" das Hauptopfer, tritt jetzt eher in den zweiten Rang. „Sündopfer" und „Schuldopfer" nehmen von nun an einen großen Teil der Opfergesetzgebung ein. Zum „heiligsten Tag" des Jahres wurde demgemäß der „jom hakkippurim", der „Versöhnungstag" (Lv 16), an dem der Hohepriester – nur dieses eine Mal im Jahr! – das Allerheiligste zur sühnenden Blutbesprengung betritt (vgl. Hebr 10), während einer der Opferböcke, vom Hohenpriester durch Handauflegung mit den Sünden des ganzen Volkes beladen, in die Wüste getrieben wird.

Dieser priesterliche Weg der Erziehung des Gottesvolkes zu scheuer Ehrfurcht vor dem heiligen Gott barg verständlicherweise auch die Gefahr in sich, den Schwerpunkt der Gottesverehrung in Riten zu verankern und die personale Unmittelbarkeit des gnädig und barmherzig gewährten Gottesverhältnisses zu verdecken. Unversehens – und manchmal gewiß auch nicht ohne handfeste Machtinteressen[46] – konnte sich die Vorstellung breitmachen, daß der am Tempel nach strengen kultischen Heiligungsvorschriften amtierende Klerus der Kern des Gottesvolkes, ja das eigentli-

---

[45] *A. Robert – A. Feuillet,* Einleitung in die Hl. Schrift I (Wien 1963) 370.
[46] Die Kritik der Propheten am Priestertum (z. T. auch noch bei Jesus anzutreffen) sollte auch in der neubundlichen Priesterschaft ein ständiger Stimulus zur Selbstkritik sein. Ein vorschnelles „ad majorem Dei gloriam" trägt nicht zur Erhöhung der Glaubwürdigkeit bei.

che Israel sei. Die von der „Priesterschrift" (P) in die Wüstenzeit zurückprojizierte und damit zur unvergänglichen Idealstruktur erhobene „Lagerordnung" Israels (Nm 1-3) weist unverkennbar klerikalisierende Züge auf.

Die eben anskizzierte Verengung des Horizontes bei „P" bedeutet dennoch letztlich keine partikularistisch-nationale oder anthropologisch-rituelle Fixierung der Priesterlehre und ihres entsprechenden Glaubensbewußtseins. Die in konzentrischen Kreisen sich bewegende Vorstellung der Gottesvolkstruktur wird gerade in der priesterlichen Geschichtsdarstellung ausgeweitet aufs Universale hin. P beginnt in Gn 1 seine Geschichte mit der Schöpfung des Universums durch Gott mittels seines wirkmächtigen Wortes. Dabei wird das liturgische Wochenschema als Rahmen verwendet, um Kosmos und Kult in eine Urbeziehung zueinander zu bringen. Die Spitze der Schöpfungspyramide stellt „der Mensch" dar (= Menschheit![47]). Erstaunlich für eine Priestertheologie ist nun dies: 1. In einer streng bildlosen Religion wird der Mensch kühn als „göttliches Bild" begriffen. 2. Der religiösen Sinndeutung des Menschen durch den Mythos (Mensch = Bediener der Götter im Kult!) wird hier seine Bestimmung zum Walten an der Welt – darin kommt der Bildbezug zum Vollzuge, Gn 1, 26.28; vgl. Ps 8 – entgegengestellt. Dies alles gilt grundsätzlich für überall und für immer. Damit ist in Gn 1 ein äußerster und umfassender Kreis um Welt und Menschheit gezogen.

P basiert sodann seine Sintfluterzählung nicht auf einen Verfall der „Religion" und der „Frömmigkeit", sondern auf die Fülle von „Gewalttaten" (ḥamas) auf Erden. Hier dokumentiert sich das Bewußtsein, wie sehr der Offenbarungsgott das mitmenschliche Verhalten auf die Waagschale seiner Beurteilung der Menschen legt. Das nach der Flut gestiftete Zugehörigkeitsverhältnis von Gott und (noachitischer) Menschheit („Noah-Bund", Gn 9) wird zu einem großartigen Zeugnis der entschiedenen und beschwore-

---

[47] Der kollektive Sinn von „adam" geht in Gn 1, 26 klar aus der Pluralform des Verbums „herrschen" hervor. Vgl. 1, 28.

nen Zuwendung Gottes. Die ganze Völkerwelt, wie P sie in Gn 10 genealogisch darstellt, steht damit unter dem machtvollen göttlichen „Bundeswillen", der sich im Segen (= Fruchtbarkeit) und in der von Gottes Hand gehaltenen Stabilität der kosmischen Ordnungen manifestiert.

Einen starken Akzent legt die Priestertheologie auf die Erwählung Abrahams (mit der Beschneidung als „Bundeszeichen", Gn 17), so stark, daß die Mosezeit für P gleichsam im Schlagschatten der Vätergeschichte steht, zumal gerade P viel vom Versagen des Volkes gegenüber den Offenbarungsmittlern Mose und Aaron zu berichten weiß. Im Gesetz vom Sinai (vgl. Ex 25, 21; 31, 18; 34, 29) erhält für P das Kult- und Ritualgesetz einen besonderen Stellenwert, mittels dessen dem tief in Sünde und Schuld verstrickten Menschen das Heilsgut der Sühne und Versöhnung vom heilswilligen Gott bereitgestellt wird.

Wiewohl die „Priesterschrift" von priesterlicher Seite zum Rahmen und Grundgeflecht des ganzen Pentateuchs gemacht wurde (5. Jh.) und der Priesterschaft von Jerusalem bei der Kanonisierung und Überlieferung der vorexilischen, exilischen und frühen nachexilischen Schriften eine entscheidende Rolle zugesprochen werden muß, kann man die erstaunliche Feststellung machen, daß die Priester die nichtpriesterlichen Traditionen und Texte nicht verkürzt und auf die eigenen Perspektiven zugeschnitten haben. Die Priesterlehre hat den Dekalog und das in ihm entborgene und entfaltete mosaische Erbe als die eigentliche „Bundescharta" anerkannt und als zentrale Gottesweisung bis zuletzt verkündet und bezeugt. In den sogenannten „Torliturgien", die uns in Ps 15; 24, 3-6; Jes 33, 14f noch greifbar sind, haben die Priester am Tempeltor zur Gewährung der Teilnahme am Gottesdienst nicht nach der kultischen Reinheit, sondern nach der sozial-ethischen Lauterkeit gefragt. Man hat die ethischen und sozialen Bestimmungen des „Bundesbuches" (Ex 21-23) als integrierenden Bestandteil in das priesterliche Heiligkeitsgesetz aufgenommen (vgl. Lv 19, 9-18.32-37). In der Priesterschaft und nirgendwo sonst hat man die „Horizontale" der Willensoffenbarung Jahwes auf die auch für das Neue Testament bedeutsame Formel gebracht: „Liebe deinen Nächsten wie dich selbst! Ich bin (nämlich) Jahwe" (Lv 19, 18). Dabei ist nach 19, 34 nicht nur der Volksgenosse „der Nächste", sondern auch der im Lande weilende Fremde: „Du sollst ihn lieben wie dich selbst, seid ihr doch auch Fremde gewesen im Lande Ägypten. Ich bin Jahwe, euer Gott."

Auch die prophetische Kritik am Kult und selbst an der Priesterschaft wurde von den Priestern oder den von ihnen beeinflußbaren Tradenten weder bei ihrer überliefernden noch bei ihrer redaktionellen Tätigkeit getilgt, sondern der Nachwelt weitergegeben. Selbst ein so abträglicher Text wie der über die unrühmliche Rolle des „Priesterheros" Aaron (Ex 32) blieb erhalten.

8. Das Zeugnis der Weisheitslehre Israels

Nach Jer 18, 18 rechnet Israel nicht nur den Priester mit seiner Weisung und den Propheten mit seinem Wort, sondern auch den Weisen mit seinem „Rat", d. h. mit seiner erzieherischen Mahnung, zu den bevollmächtigten Lehrern des Gottesvolkes. Trotz gelegentlicher prophetischer Kritik an den Weisen (vgl. Jes 29, 14; Jer 8, 9) haben in der Tat die Weisheitslehrer in Israel eine bedeutende Rolle gespielt, abzulesen am reichen Weisheitsschrifttum, zu dem hauptsächlich das Buch der Sprichwörter (Spr), Ijob, Kohelet (Prediger), Jesus Sirach, die „Weisheit Salomos" und eine Reihe von Psalmen gehören.

Diese „Weisheit" hat in Israel eine lange und windungsreiche Geschichte. An ihrem Anfang stand die Sippenweisheit der Nomadenzeit, die in ihren Einflüssen bis in den Dekalog und in die Verkündigung der Propheten hineinreicht [48]. In der frühen Kö-

---

[48] Vgl. z. B. *H. W. Wolff,* Amos' geistige Heimat = Wissenschaftl. Monogr. z. AT u. NT, Bd. 18 (Neukirchen 1964) 66.

nigszeit ist dann die Tätigkeit einer eigenen „Weisheitsschule" am Königshof (mit Kontakten zur internationalen Schulweisheit) hinzugekommen. Die spätere Entwicklung, insbesondere in der nachexilischen Epoche, bringt dann eine stärkere „Jahwisierung" der Weisheit (Chokmah) und damit die Wende zur sogenannten „theologischen Weisheit".

Diese Entwicklungslinie läßt sich noch einigermaßen an den Schichtungen im Buche der *Sprichwörter* verfolgen. Ihr ältester Teil liegt in Kap. 10-22 vor. Die „Hiskianische Sammlung" von 25 bis 29 enthält ebenfalls in der Hauptsache vorexilisches Material. Dagegen erhebt in den Mahnpredigten von 1 bis 9 eindeutig die Nachexilszeit ihre Stimme.

Die treibende Frage alles weisheitlichen Bemühens – Weisheit meint immer Lebensweisheit, nicht philosophische Seinserkenntnis – mag so formuliert werden: Wie kann das konkrete menschliche Leben am besten glücken? Die Beantwortung geschieht aus der vielfältigen menschlichen Erfahrung, zu der auch die Glaubenserfahrung gehört, und ihrer erprobten Reflexion. Sie läßt sich zumeist auf den Nenner bringen: Bringe dein Verhalten in Übereinstimmung mit der Menschen und Dinge übergreifenden Weltordnung, die letztlich im Wollen und Walten Gottes wurzelt!

Darum scheinen einem modernen Leser viele ältere Sprichwörter zwar „profan", sind es aber letztlich nicht. Denn ein Leben vor dem der Welt zugewandten Angesicht Jahwes (vgl. Spr 15, 3; 22, 12) ist in allen Bereichen ein Jahwe offenliegendes und letztlich auf ihn bezogenes Leben, und „Existenz in der Welt" heißt „Existenz in seiner Welt". Dazu kommt, daß auch im älteren Spruchgut Jahwe selbst öfter direkt genannt wird, z. B. in Spr 10-22 in 44 Sprüchen. Diese Sprüche sind gleichsam weisheitliche Zeugnisse und Kommentare der Jahweoffenbarung. Einige Beispiele mögen genügen:

10,22: Der Segen Jahwes macht reich,
      eigenes Mühen tut nichts hinzu.

11,1: Falsche Waage ist Jahwe ein Greuel,
      aber volles Gewicht hat sein Wohlgefallen.

12,22: Ein Greuel vor Jahwe sind lügenhafte Lippen,
wer aber Wahrheit übt, hat sein Wohlgefallen.

14,27: Die Furcht Jahwes ist eine Quelle des Lebens,
um die Fallen des Todes zu meiden.

15,9: Das Opfer der Frevler ist ein Greuel für Jahwe,
doch das Gebet der Redlichen hat sein Wohlgefallen.

15,25: Das Haus der Stolzen reißt Jahwe weg,
doch die Grenze der Witwe stellt er sicher.

16,3: Befiehl Jahwe deine Werke,
so werden deine Pläne gelingen.

16,9: Des Menschen Herz plant seinen Weg,
aber Jahwe lenkt seinen Schritt.

17,15: Wer den Schuldigen freispricht und den Gerechten ver-
dammt,
alle beide sind Jahwe ein Greuel.

19,17: An Jahwe leiht, wer sich der Armen erbarmt,
und seine Guttat wird er ihm zur Fülle bringen.

21,30: Es gibt keine Weisheit, und es gibt keine Einsicht,
und es gibt keinen Rat gegenüber Jahwe.

22,2: Reich und arm begegnen sich,
ihrer aller Schöpfer ist Jahwe.

In Jahwes Welt sind eigener menschlicher Erfahrungsbereich und göttliche Offenbarung für die weisheitliche Meditation keine schlechthin getrennten Sphären. Dennoch gewinnt in exilisch-nachexilischer Zeit der Gedanke, daß der offenbarende Gott der ureigentliche Weisheitslehrer sei, ein starkes Profil. Ein beredtes Zeugnis dafür ist Dt 4, 5f, wo Mose spricht: „Seht, ich lehre euch Satzungen und Rechte, die mir Jahwe, mein Gott, geboten hat . . . So haltet sie denn und tut danach! Denn das ist eure Weisheit und eure Einsicht in den Augen der Völker. Wenn sie von all diesen Satzungen hören, werden sie sagen: ‚Ein weises und einsichtiges Volk ist doch diese große Nation.'" Unter dem Einfluß dieser neuen Sicht sind Spr 1-9 verfaßt, die sogar den deuteronomischen Predigtstil nachahmen und dem Inhalte nach die im Dt und in den Propheten vorliegende Offenbarung in reflektiver Weise sapientiell erschließen[49]. Der Weisheitslehrer, wie ein Vater mit seinem Sohne sprechend, stellt ihm das Lichte und Lockende solcher Weisheit u. a. so vor Augen: „Glücklich der Mann, welcher Weisheit gefunden, der Mensch, welcher Einsicht erlangt hat! Denn besser ist es, sie zu erwerben als Silber, und sie zu bekommen, ist mehr wert als Gold. Sie ist kostbarer als Korallen, ihr gleich kommt keine von deinen Kostbarkeiten. In der Rechten hält sie langes Leben, in der Linken Reichtum und Ehre. Ihre Wege sind freundliche Wege, auf all ihren Pfaden ist Wohlergehen. Wer nach ihr greift, dem ist sie ein Lebensbaum, und wer sie festhält, ist glücklich zu preisen" (3, 13-19).

Hintergründig ist diese Weisheit nicht mehr menschlich Ermühtes, sondern göttliches Angebot, letztlich in Gott selbst gründend und seines Glanzes teilhaftig. Darum wundert es nicht, daß an drei Stellen der väterliche Weisheitslehrer zurücktritt, um die göttliche Weisheit selbst – personifiziert! – in den Vordergrund treten zu lassen (1, 20ff; 8, 1ff; 9, 1ff). Sie spricht dabei wie ein Prophet und Weisheitslehrer, und sie steht dennoch über beiden; denn ihr „Ich" gleicht nach Form und Inhalt dem „Ich" Jahwes in den prophetischen Gottessprüchen. Ist sie in 1, 20ff eine Art Bußpredigerin, in 8, 1-12 eine werbende, Segen verheißende Ratgeberin, in 9, 1ff eine Gastgeberin mit vornehmem Haus, die „ihr Vieh geschlachtet, ihren Wein gemischt und ihre Tafel hergerichtet hat", so verrät sie in 8, 22-31 ihr letztes Geheimnis und stellt sich vor als die, der Jahwe „als Anfang seiner Schöpfungstaten Leben gab"[50] (8, 22), die bei all seinen Schöpfungswerken ihm „als Beraterin zur Seite stand" (8, 30)[51]. Zum Schlusse nimmt ihr Bekenntnis lyrische Form an: „Ich war ‚Wonne' Tag

---

[49] Vgl. A. Robert, Les attaches littéraires bibliques de Prov I-IX, in: Revue biblique 43 (1934) 42-69.172-204.374-384; ebd. 44 (1935) 344-365.502-526.
[50] „qanah" heißt hier weder erschaffen (im strikten Sinn) wie meist im Phönizischen noch erwerben wie zumeist im Hebräischen, sondern „Existenz bzw. Leben geben" wie in Gn 4, 1; Dt 32, 6; Ps 139, 13.
[51] Die heute beliebte Wiedergabe mit „Kind, Hätschelkind" bleibt trotz einer ägyptischen Parallele ungesichert (aus philologischen und kontextlichen Gründen).

für Tag, tanzend[52] vor ihm allezeit; tanzend auf seinem Erden-rund, und meine Wonne war bei den Menschenkindern" (8, 30f).

Der vielventilierten Frage, ob die göttliche Weisheit hier nur rein dichterisch personifiziert sei oder ob der Verfasser an mehr denke, kann hier nicht im einzelnen nachgegangen werden. Es gibt gute Gründe, daß wir hier einen ersten, wenn auch zaghaften Aus-griff nach der späteren Logoslehre haben[53]. Für unsere Perspek-tive ist aber vor allem dies bedeutsam: In Spr 8, 21-32 wird die entschiedene Zuwendung Gottes zu Welt und Mensch in einer neuen, bisher ungehörten Weise bezeugt. Welt ist hier zunächst als Kosmos verstanden[54]. Dieser Kosmos erreicht aber seine Kulmi-nation im Menschenreich (vgl. 8, 30f) und damit die eigentliche Dimension der Geschichte. Sir 24, 1ff hat im Anschluß an Spr 8, 22ff diese Linie konsequent ausgezogen mit dem göttlichen Auf-trag an die Weisheit, „die aus dem Munde des Höchsten hervor-ging" (24, 3): „In Jakob sollst du dein Zelt aufschlagen und in Is-rael Erbbesitz gewinnen!" (24, 8; vgl. 24, 12). Die Schöpfungs-weisheit Jahwes gewinnt demnach ihre wahrnehmbarste Gestalt in der Wortoffenbarung an Israel, so daß Bar 4, 1 (nach einer Be-schreibung der „kosmischen" Weisheit) die Identifikation vor-nehmen kann: „Sie ist das Buch der Gebote Gottes und das Ge-setz, das in Ewigkeit gilt." Der Verfasser von Ps 119 hat diese These zur Basis seines Lehrpsalms gemacht und bekennt in V.99 als „Schüler Jahwes": „Mehr als allen meinen Lehrern ward mir Einsicht; denn deine Weisungen sind mein Sinnen."

Von Hause aus ist die Weisheitslehre Israels optimistisch. Tat und Tatfolge hängen innerlich zusammen, weil Jahwe die Welt-ordnung so geschaffen hat und sie in dieser Weise in Gang hält.

---

[52] Die gleiche Wendung in 2 Sm 6, 5.21 (David) = 1 Chr 13, 8.

[53] Wer nur an „Poesie" denkt, verkennt das theologische Anliegen des Verf. im allgemeinen und seinen anthologischen Stil und übersieht so die messianischen Züge der Weisheit, die *A. Robert,* a.a.O. nachweisen konnte (der leider von der deutschen Exegese, die er so sehr schätzte, in dieser Sache überhaupt nicht zur Kenntnis genommen wird).

[54] Der Kosmos, sein Aufbau und „Inhalt" hat überall das besondere Interesse der Weisheitslehre gefunden. Im AT ist dafür Job 38-42 besonders kennzeichnend.

So muß auf Gerechtigkeit Segen, auf Ungerechtigkeit Unheil folgen. Man fühlt sich um so mehr zu dieser Sicht berechtigt, als die Propheten den Geschichtsablauf – allerdings für das Volk als Ganzes – zumeist so deuten. Die Schulweisheit hält diese Gesetzmäßigkeit auch für das Leben des einzelnen Menschen für so rigide, daß man auch umgekehrt folgerte: Wo Unglück, da Sünde; wo Glück, da Tugend. Je stärker einerseits das Individualbewußtsein sich profilierte und andererseits eine geschärfte Beobachtungsgabe – wie das weisheitliche Bemühen sie forderte und förderte – ins Spiel kam, um so mehr mußte die Diskrepanz zwischen dem allgemeinen, im Glauben erkannten und anerkannten Segens- und Heilswillen Jahwes und den ihm widerstreitenden Unheilszuständen in der Welt in den Blick kommen. Schon Jeremia stellte aus eigener schmerzlicher Erfahrung Jahwe vor die Frage: „Warum haben die Frevler Glück in ihrem Leben?" (12, 1). In dieser Problematik ist das Buch *Ijob* angesiedelt. Der Verfasser seines Kernteils (3-27; 29-31; 38-42) ist durch die Weisheitsschule gegangen, wie man seinem Werk auf Schritt und Tritt anmerkt, aber zugleich durch eine Leidensprobe, die durch ihr klares Mißverhältnis zwischen Verhalten und Verhängnis das „Vergeltungsdogma" für ihn zusammenbrechen ließ. Sein „Ijob" ist zu einem guten Teil er selbst. Er läßt die Einreden der „Advokaten" der Vergeltungstheorie nicht gelten und wird ganz bewußt zum Ankläger Gottes, allerdings bei Gott selbst, an den er appelliert. Dabei bekommt er am Ende recht, und die Vertreter der Schulweisheit werden ins Unrecht gesetzt (42, 7). Aber Gott gibt dabei keine rationale Erklärung für sein für den Menschen rätselhaftes Walten innerhalb der einzelnen Lebensabläufe, sondern verweist auf seine übermächtige Allmächtigkeit, die sich nicht unter das Gericht des kleinen Menschen stellen läßt, sondern nach wie vor den Menschen ins Gericht stellt, freilich auch in seine Gnade, wie es Ijob am Schlusse selbst an sich erfährt.

Für seine Mit- und Nachwelt gibt so das Buch Ijob Zeugnis, daß der Mensch zwar dem Offenbarungsgott als Gott der Zuwendung vertrauen kann und vertrauen darf, aber ihn zugleich gläubig und ergeben in allem und jedem Gott sein lassen und damit ihm allein alles überlassen muß.

In eine ähnliche Distanz wie der Autor von Ijob zu den optimistischen Lösungen, welche die Schulweisheit trotz mancher gegenteiliger Erfahrungen anbot, begibt sich der Verfasser von *Kohelet* (= Prediger). Doch der „Rat", den er in seinem Buch erteilen will, ist von anderer Art: er zeigt, daß schlechthin keine Rechnung des Menschen auf Erden aufgeht, und faßt seine scharfen Beobachtungen in seine berühmte Formel zusammen: alles ist nichtig (Motto in 1, 2 und oft). Gott hat dem Menschen zwar das Streben nach Weisheit ins Herz gelegt, und das Mühen um sie ist nicht ohne Wert (vgl. 2, 12; 7, 11f.19f; 9, 13ff), aber ihre Fülle erlangt man nie. Gott lenkt alle Geschicke, aber sie bleiben im letzten unergründlich: „Ich besah die Plage, die Gott den Menschen bereitet, sich damit zu plagen. Alles hat er schön gemacht für seine Zeit. Auch die Ewigkeit hat er ihnen ins Herz gelegt. Nur kann der Mensch das Werk nicht erfassen, das Gott vollbringt vom Anfang bis zum Ende" (3, 10f; vgl. 8, 17). Daraus zieht er den Schluß: „Ich erkannte, daß es nichts Besseres gibt für den Menschen, als sich zu freuen und sich es wohl ergehen zu lassen in seinem Leben. Auch daß jeglicher Mensch ißt und trinkt und es sich wohl sein läßt bei all seiner Mühe – Gottes Geschenk ist dies" (3, 12f). Hier bricht bei aller Skepsis gegenüber einem Erfassen des göttlichen Waltens im Einzelleben – die Geschichte Israels läßt Kohelet ganz beiseite – die „weltfromme" und weltfrohe Komponente der Weisheit durch, wie wir sie in der Spruchweisheit[55] und in Ps 104 antreffen. Das Gute soll der Mensch aus Gottes Hand als Geschenk entgegennehmen, die „bösen Tage" aber ertragen (7, 14); das ist für ihn Furcht Gottes (vgl. 5, 6; 7, 15-18), deren man in seinen „jungen Tagen" bereits geden-

---

[55] Vgl. Koh 9, 9: „Genieße das Leben mit der Frau, die du liebst, alle Tage deines eitlen Lebens, die Gott dir gegeben unter der Sonne!" mit Spr 5, 18f; 18, 22; Sir 26, 1-3. Vgl. Koh 9, 7: „Wohlan, iß fröhlich dein Brot, und deinen Wein trink frohen Herzens. Denn Gott gefällt es von jeher, wenn du so tust!" mit Spr 31, 6f; Sir 31, 32ff; Ps 104, 15.

ken soll (12, 1); denn er zieht die Menschen zur Rechenschaft (vgl. 11, 9).

Ijob und *Kohelet* setzen in der Weisheitslehre Akzente eigener Art, ja führen ihren herkömmlichen Weg in eine Krisis. Sie sind über das AT hinaus zu höchst beachteten Büchern geworden, weil sie eine allgemeinmenschliche Problematik ohne „dogmatisches" Vorurteil aufgreifen. Beide lassen sich aber durch die Beobachtung der Absurditäten im Welt- und Lebensablauf nicht dazu bringen, Gottes Dasein, ja sein grundsätzliches Zugewandt-Sein zu Welt und Mensch zu leugnen. Das ist eine höchst bedeutsame Glaubensleistung, die ihnen der ererbte Jahweglaube ermöglichte. Anders als sie rekurrieren in der Epoche der größten Krise der jüdischen Jahwegemeinde – einer Krise, in die sie durch die geistige und politische Macht des Hellenismus hineingestoßen wurde – die späten Weisheitsbücher *Jesus Sirach* (2. Jh. v. Chr.) und die „*Weisheit Salomos*" (1. Jh.) immer auch auf die Geschichte des Bundes „Jahwe–Israel" und damit auf die Gesamtoffenbarung. Jesus Sirach verbindet dabei Schöpfung (vgl. 16, 22 - 18, 13; 42, 15 - 43, 33) *und* Geschichte (vgl. 44-50) geradezu hymnisch zu einem Gesamt der Zuwendung Gottes, zu dem man als zu seinem Vater beten darf (23, 1.4: „Vater und Gott meines Lebens") und bei dem man Schuldnachlaß erreicht, wenn man dem Nächsten sein Unrecht vergibt (28, 2.7)[56]. – Das Buch der „Weisheit" setzt sich auf der Basis der ganzen vorausliegenden Offenbarung – und doch sehr selbständig – mit dem Hellenismus auseinander und erweist die Offenbarungsweisheit als jeder anderen Weisheit überlegen. Denn hier ist nur Suchen, dort ist Finden. So erhält die Weisheit, die Gott dem Menschen auf sein Gebet hin ins Herz gibt (vgl. 8, 19-21), geradezu Erlöser-Funktion und schenkt am Ende die seligmachende Teilnahme an der Ewigkeit Gottes (vgl. 2, 23; 5, 15; 6, 19 u. a.).

---

[56] Damit erreicht Jesus Sirach die Sphäre des neutestamentlichen „Vater-unsers".

9. Das Zeugnis
der Heilserwartung Israels

a) Die allgemeine Endzeiterwartung

Der letzte Horizont aller Zukunftsbezogenheit von Welt und Mensch, die Paulus in 1 Kor 15, 28 in die unausschöpfbare Formel bringt: „Gott alles in allem (und in allen)", ist auch im AT Jahwe selbst. Bereits die Namensoffenbarung enthält in nuce den Ausblick auf eine Kulmination aller Geschichte in einer Zukunft, die Gott selbst ist. Die Propheten haben diesen Kern auf vielerlei Weise entfaltet, am eindrücklichsten in der Verkündigung Jahwes als des endzeitlichen Königs und Gemahls. In der Ausmalung der kommenden Wirklichkeit – ihre „Gemälde" sind jedoch nicht als „Voraus-Fotografien" mißzuverstehen! – greifen sie dabei gern zu Bildern, die zur weltweit verbreiteten Paradiesesvorstellung gehören. *Hosea* wählt als Kulisse für die endzeitliche „Gottesehe" den gottgestifteten Frieden zwischen Tierreich und Menschenreich (2, 20), was wir in Jes 11, 6ff[57]; 35, 9 und 65, 25 wiederfinden, sodann die Geborgenheit vor Krieg und Verheerung (2, 20) und schließlich die fruchtbare Harmonie zwischen der Himmels- und der Erdenwelt (2, 23f). *Ezechiel* beschwört ausdrücklich den „Garten Eden" zur Schilderung der Heilszeit (36, 35). In 47, 1-12 greift er das Motiv der Paradiesesströme auf und macht das Wasser der sie speisenden Tempelquelle zum Spender des Lebens – ein Motiv, das sein Echo findet in Joel 4, 18; Sach 14, 8; Jes 33, 21. *Deutero-Jesaja* verkündet in 51, 3: „Jahwe hat Mitleid mit Zion, all seiner Trümmer erbarmt er sich, seine Wüste verwandelt er in ein Eden, ihre Steppen in einen Garten Jahwes. Jubel und Frohlocken finden sich dort, Lobpreis und Liederklang."

Dieser paradiesische Heilszustand des zukünftigen Gottesvol-

---

[57] Die Datierung dieses eindrucksvollen, geradezu pittoresken Textes ist in der Forschung umstritten.

kes zielt nicht nur auf äußeren Segen und materielle Fülle. Die personale Dimension ist, wie beim Prophetismus nicht anders zu erwarten, für die Heilszukunft die entscheidende. Am eindrücklichsten bestätigt das *Jeremia*. Nachdem er die Sammlung und Heimkehr des Volkes in das neu gewährte „Gelobte Land" angesagt hat (31, 1-27), kündigt er die Heilszeit als neues Zugehörigkeitsverhältnis bzw. als „neuen Bund" an (31, 31). Dabei verinnerlicht er – wie Hosea 2, 21f – seine Schau, indem er auf die „ewige Liebe" Jahwes, der dies alles entströmt (31, 3), das Gottesvolk der Endzeit mit einer Liebe antworten läßt, die keine steinernen Gebotstafeln mehr braucht, weil ihm Jahwes Weisung „ins Herz geschrieben ist" (vgl. 31, 33). Nach *Ezechiel* (36, 26f) wird dieses neue Herz dadurch ermöglicht, daß Jahwe seinen Geist in das Innere der Menschen legt. Von dieser „Geistausgießung über alles Fleisch" – selbst über Sklaven und Sklavinnen! – kündet auch *Joel* (3, 1f). Diesem äußerlich und innerlich durch Jahwe selbst erneuerten Gottesvolk verheißt *Deutero-Jesaja:* „Siehe, Völker, die du nicht kennst, wirst du rufen, und die dich nicht kennen, werden zu dir eilen, um Jahwes, deines Gottes und des Heiligen Israels willen, weil er dich verherrlicht" (55, 4). Damit wird die Botschaft von der Völkerwallfahrt nach dem Zion eröffnet, die ihren klassischen Niederschlag in Jes 2, 2-4 (= Mich 4, 1-3)[58] gefunden hat: „Am Ende der Tage wird es geschehen, da wird der Berg mit dem Hause Jahwes festgegründet dastehen als Haupt der Berge und die Höhen überragen. Und alle Völker werden zu ihm strömen und viele Nationen sich aufmachen und sprechen: Kommt, laßt uns hinaufziehen zum Berge Jahwes, zum Hause des Gottes Jakobs, daß er uns seine Wege lehre und wir seine Pfade gehen. Denn vom Zion wird die Wegweisung ausgehen und das Wort Jahwes von Jerusalem. Er wird Recht sprechen zwischen den Völkern und Weisung geben vielen Nationen. Sie werden ihre Schwerter zu Pflugscharen schmieden und ihre Speere zu Winzer-

---

[58] Eine genaue Analyse des Textes zeigt, daß er weder als jesajanisch noch als michanisch, sondern als nachexilisch zu gelten hat, was seiner großen theologischen Bedeutung keinerlei Abbruch tut.

messern. Kein Volk wird gegen das andere das Schwert erheben, und sie werden den Krieg nicht mehr lernen." Das faszinierende Bild vom Völkerfrieden der Endzeit[59] wird hier aus der Thematik „Die *eine* Welt mit und unter dem *einen* Gott" entwickelt. Am universalsten sieht der späte Text von Jes 19, 24 diese große Zukunft, die Jahwe heraufführen wird: „An jenem Tage wird Israel als dritter im Bund mit Ägypten und Assur ein Segen sein inmitten der Erde. Jahwe segnet und spricht: Gesegnet sei Ägypten, mein Volk, und Assur, das Werkzeug meiner Hände, und Israel, mein Erbgut!" Dabei ist nicht einmal mehr an eine Kultzentralisation in Jerusalem gedacht (vgl. 19, 19), die auch Zeph 2, 11 und Mal 1, 11 durch eine Anbetung Jahwes an allen Orten der Erde ersetzen.

Die nachexilische Epoche vor allem hat noch eine ganze Reihe anderer Vorstellungen entwickelt, die für die im Glauben befochtene Jahwegemeinde – der neue Exodus und die neue Landnahme, wie sie Jeremia, Ezechiel und vorab Deutero-Jesaja angekündigt haben, waren nur zu einem Teil in Erfüllung gegangen, und die damit geweckten Hoffnungen waren, soweit sie auf ein der Botmäßigkeit der Imperien entrissenes Jahwevolk zielten, enttäuscht worden – die Heilszukunft vergegenwärtigen sollten. Diese Vorstellungen nahmen verständlicherweise öfter ein stark apokalyptisches Kolorit an: Israel sollte „Endsieger" über alle gott-, aber auch israelfeindlichen Mächte werden. Dazu gehört eine Reihe von Texten, die unter dem Thema „Tag Jahwes" stehen. Die Erwartung eines solch entscheidenden „Siegestages" hatte einst die Ambitionen von Volk und Führung beflügelt, aber die Propheten mußten dann in ihrer unerbittlichen Gerichtspredigt gegen eine solche allzu menschliche und auf einem falschen Erwählungsbewußtsein fußende Heilserwartung radikal angehen. Das lapidarste Wort dazu hat *Amos* gesprochen: „Wehe euch, die ihr den Tag Jahwes herbeisehnt! Was soll euch denn der Tag Jah-

---

[59] Vgl. *H. Gross,* Die Idee des ewigen und allgemeinen Weltfriedens im Alten Orient und im Alten Testament = Trierer theol. Studien, Bd. 7 (Trier 1956).

wes? Er ist Finsternis und nicht Licht!" (5, 18). Auch Jes 2, 6 ff; Zeph 1, 7.14 erklären den Tag Jahwes zum Tag des großen Gerichts an Israel. Nachdem jedoch die das Volk fast vernichtenden Katastrophen von 722 (Fall des Nordreiches) und 587 (Fall des Südreiches, babylonisches Exil) hereingebrochen waren und die Verbannung in Babel als Läuterungsgericht gewisse Erfolge zeitigte, wechselt die Perspektive. Der „Tag Jahwes" bedeutet von nun an in der prophetisch-apokalyptischen Verkündigung Jahwes Gericht über alle gottfeindlichen Mächte (vgl. Jes 13, 4.13; Ob 15; Joel 4, 9 ff; Sach 12, 1 ff) und wird damit zugleich zum Tag des endgültigen Heils für die Gemeinde der Jahwetreuen (vgl. Joel 3 und 4; Sach 14). Zugleich wird er allerdings auch zum Tag der Scheidung von Sündern und Gerechten (Mal 3, 2 f.19 ff). Man zieht nun auch den Kosmos stärker als früher in das endzeitliche Gerichtswalten Jahwes ein. Instruktiv dafür ist Joel 4, 15 f: „Sonne und Mond sind schwarz, der Sterne Glanz ist erloschen, während Jahwe vom Zion her brüllt und aus Jerusalem seine Stimme erhebt, so daß Himmel und Erde erbeben" (vgl. 2, 10.16). Ähnlich „kosmisch" malt auch die späte Jesaja-Apokalypse (Jes 24-27) das endzeitliche Geschehen (vorab 24, 4.19 f.23), um aber dann eine neue Gestalt und Epoche der Welt zu zeichnen: „Vernichten wird er (sc. Jahwe) den Tod auf ewig. Und abwischen wird Jahwe, ihr Herr, die Tränen von jeglichem Antlitz" (25, 8). In 26, 19 spricht das Volk gar zu Jahwe: „Deine Toten werden leben. Meine Leichen werden auferstehn. Aufwachen und jubeln werden alle Bewohner des Staubes!" Die Auferstehung der Toten wird auch in Dan 12, 2 f.13 angesagt. Ausgangspunkt dieser Auferweckungshoffnung mag Ez 37, 1-4 gewesen sein, wo der Prophet in seiner berühmten Vision von den Totengebeinen die Wiedererweckung Israels aus dem Grabe des Exils verkündet. In den apokalyptischen Texten des späten AT erhält die Endzeit so immer mehr die Konturen eines neuen Äons, in den diese Weltzeit nicht bruchlos, sondern durch eine Katastrophe hindurch übergehen wird. Darum ist in Dan 7 das kommende „Reich des Heiles" auch eine aus dem Himmel kommende Größe, vor welcher alle irdischen Reiche zu ihrem endgültigen Ende kommen werden (vgl. 9, 26; 11, 27; 12, 13). Ob Jes 65, 17; 66, 22 mit ihrer Verheißung eines „neuen Himmels" und einer „neuen Erde" etwa auf der Basis von 51, 6 („der Himmel zerflattert wie Rauch, und die Erde zerfällt wie ein Kleid") eine (völlige) Neuerschaffung nach (völliger) Vernichtung oder nur eine Verwandlung (wenn auch durch die Wehen einer Katastrophe) im Auge haben, läßt sich aus dem Kontext nicht sicher entscheiden. Jedenfalls ist dann das Gottesvolk endgültig in seinem von Jahwe geschaffenen und gewährten Bereich (vgl. 65, 17ff); so kommt die Verheißung vom „Land", mit der die Abrahamsoffenbarung beginnt, in ihre letzte und höchste Erfüllung (vgl. Offb 21, 1).

Der eschatologische Ausblick des AT umgreift Kosmos und Geschichte in einer vorab kollektiven Perspektive. Eine Individualisierung zeichnet sich nur in ersten Konturen ab. Bezeichnenderweise – weil instruktiv für die atl. Anthropologie [60] – weisen diese auf eine Auferweckung der Toten hin. Gewiß weiß man auch von einem schattenhaften Fortleben des Menschen nach dem Tode in der Scheol (Unterwelt, Totenreich), aber dieses ist kein eigentliches Leben (vgl. Ps 6, 6; 30, 10; Jes 14, 10; 63, 16 u. a.). Es bedurfte erst der Konfrontation mit der griechischen Unsterblichkeitslehre und damit der Gleichsetzung von hebr. „nepheš" mit griech. „psyché", wie wir sie im Buche der Weisheit antreffen, um den Gedanken „der Unsterblichkeit der Seele" im griechischen Sinn in Erwägung zu ziehen. Dennoch scheint selbst in Weish der Akzent auf der „ganzheitlichen" Unsterblichkeit zu liegen (vgl. 2, 23). Eine Erwartung der individuellen Gemeinschaft mit Jahwe – mag sie konkret gedacht werden wie immer – findet sich dagegen (ohne Rekurs auf die griechische, auf der Immaterialität der Seele basierenden Unsterblichkeitslehre) in Ps 73, 26: „Mögen auch schwinden mir Leib und Herz, mein Fels und mein Anteil ist Jahwe auf ewig." Dem geht voraus: „Ich bin stets bei dir, du hast meine

---

[60] Der Mensch ist im AT gewissermaßen „personalisiertes Leibwesen", nicht ein lockeres Kompositum aus Seele und Leib.

rechte Hand gefaßt. Nach deinem Rate führst du mich, und hernach entrückst du mich in Herrlichkeit." Die nächstliegende Interpretation[61] dieser vielumstrittenen Verse ist diese: der Psalmist ist so sehr von Jahwes Zusage der entschiedenen Zuwendung zu Welt und Mensch durchdrungen, daß er Jahwe auch für sich persönlich als seine Zukunft schlechthin, also über dieses Leben hinaus, ansieht und gläubig bekennt.

Wie die vorausgehende Skizze dartut, enthält das Alte Testament keine einheitliche und fugenlos geschlossene Lehre über die „letzten Dinge" („Eschata"). Immerhin konvergieren die verschiedenartigen Vorstellungen und Bilder darin, daß Jahwe die Geschichte von Kosmos und Menschheit einem Ziel entgegenführt, das ganz in seinen Händen liegt und zugleich die höchste und alles umfassende Fülle seiner Entschiedenheit für Welt und Mensch bringen wird. Das gläubige Vertrauen darauf, daß seine Allmacht und Liebe sich verbündet haben zur Heraufführung einer wahrhaft göttlichen Zukunft der Menschheit, schenkt gegen Ende der altbundlichen Offenbarungsphase die begründete Ahnung, daß der Gang ins Grab zugleich Übergang zu Jahwe ist.

b) Die Erwartung des messianischen Heilbringers

Die im Christentum sehr verbreitete und oft verkündete Meinung, das Alte Testament habe sein Rückgrat im „Christuszeugnis" (im engeren Sinn!), wird diesem Gottesbuch offensichtlich nicht gerecht. Die relativ kleine Zahl seiner messianischen Texte, die man nicht mit allerlei Künsteleien um weitere „christologische" Stellen ergänzen sollte, warnen vor solch einer Bewertung, weil sie eine Entwertung der übrigen altbundlichen Gottesoffenbarung zur unausweichlichen Folge hat. Warnen müßte auch die Beobachtung,

---

[61] Vgl. meine Ausführungen dazu in der Festschrift für H. Schlier, Die Zeit Jesu, hrsg. v. G. Bornkamm u. K. Rahner (Freiburg i. Br. 1970) 35f. Auch Ps 49 transzendiert den irdischen Horizont und die Scheol (Unterwelt), vgl. a.a.O. S. 35. *G. v. Rad* führt dazu mit Recht aus: „Die Annahme, Ps 49 rede nur von einer Bewahrung vor einem bösen Tod . . . läßt die ganze Antithese des Psalms zusammenbrechen" (Theologie des AT, Bd. I [München [5]1966] 419, Anm. 50).

daß die allgemeine prophetische Endzeiterwartung nur an ganz wenigen Stellen die Messiaserwartung direkt mit einbezieht. Andererseits kann und soll nicht geleugnet werden, daß das AT dem eschatologischen Heilswalten Jahwes in einer wachsend profilierten Heilbringergestalt auch einen spezifischen Akzent verlieh.

Die Einführung des Königtums in Israel mußte bei der allgemeinen Zukunftsbezogenheit des israelitischen Glaubens auch der Gestalt des Königs, welche ja im Alten Orient schon immer Heilsbedeutung hatte, einen Platz in der Zukunft zuweisen. Die Weissagung *Nathans* an David vom ewigen Königtum (2 Sm 7), in der jetzigen Gestalt nur geringfügig deuteronomistisch überarbeitet, legt dafür auch ein klares Offenbarungsfundament. Danach soll nicht David Jahwe ein Haus (= Tempel) bauen, sondern Jahwe wird David ein „Haus" (= Dynastie) errichten, das ein ewiges Königtum darstellen wird. In diesem neuen Verständnishorizont erhalten dann auch die ursprünglich auf David zielenden Texte von Gn 49, 8ff („Nie weicht das Zepter von Juda noch der Führerstab von seinen Füßen, bis daß der Herrscher kommt, dem die Völker gehorchen", V. 10) und Nm 24, 7.17f („der Stern aus Jakob", V. 17) eine messianische Aura. Dies gilt sicher auch für die in ihrem ursprünglichen Sinn umstrittene Weissagung vom Immanuel in Jes 7[62]. Die späteren Generationen mußten sie mit den klar messianischen Texten von Jes 9, 1ff und 11, 1ff in Verbindung bringen. In dem in Jes 9 angesagten königlichen Heilbringer[63] wird dem von den Weltmächten zertretenen Israel „das große Licht" zuteil (9, 1). Er erhält Prädikate („Wunder-Rat, Gott-Held, Ewig-Vater, Friedens-Fürst"), die sonst nirgendwo im AT vorkommen und ihn damit über die gewöhnlichen Sterblichen hinausheben. Wozu aber erhält er diese Titulatur und die darin ausgesprochene fast göttliche Hoheit und Macht? Nur, daß er da-

---

[62] Vgl. *R. Kilian,* Die Verheißung Immanuels. Jes 7, 14 = Stuttgarter Bibelstudien, 35 (1968).
[63] Das Wort melek = König wird in den messianischen Texten fast ausnahmslos vermieden, wohl weil es zu sehr belastet war mit dem Versagen der historischen Könige im Nord- und Südreich.

mit „endlosen Frieden"[64] schaffe und endgültig „Recht und Gerechtigkeit" unter den Menschen aufrichte (9, 6; vgl. 9, 4). Noch deutlicher tritt diese messianische Heilsfunktion in Jes 11, 1-5 zutage: dem messianischen Herrscher wird als ständige Gabe die Fülle des Geistes Jahwes verliehen – als Geist der Weisheit und der Einsicht, als Geist des Rates und der Stärke, als Geist der Jahweerkenntnis und der Jahwefurcht –, damit er der gottgewollte königliche Rechtshelfer der Armen und Schwachen sei. Diese seine mitmenschliche Gerechtigkeit und Treue wird zum „Schurz seiner Lenden" und zum „Gurt seiner Hüften" (V. 5). Er soll und wird also der mosaischen und prophetischen Willensoffenbarung zur endgültigen Durchsetzung im Jahwevolk verhelfen, so daß in seinem Reiche alle Menschen wahrhaft Mensch sein können. Aus diesem Grund und gleichzeitig zur Kontrastierung gegenüber den bundesbrüchigen Königen erhält dieser messianische Heilbringer-König bei *Jeremia* den Namen: „Jahwe (ist) unsere Gerechtigkeit", nachdem er ihn so angesagt hat: „Siehe, Tage werden kommen, da erwecke ich dem David einen gerechten Sproß; er wird als König herrschen und weise handeln und Recht und Gerechtigkeit üben im Lande" (23, 5). Der Name besagt, daß dieser Herrscher in seiner Person und in seinem Handeln die „Bundesgerechtigkeit" Jahwes selbst gegenwärtigsetzt. Auch bei *Micha* (5, 1 f) werden die Geborgenheit und die Friedensfülle Israels dadurch garantiert, daß der messianische Heilskönig „in der Kraft Jahwes und in der Hoheit seines Namens regiert" (V. 3). Bei *Ezechiel* ist die messianische mit der allgemeinen Heilserwartung insofern miteinander verbunden, als die künftige Hirtenschaft Jahwes (34, 11-12) im „Hirten David" gewissermaßen ihre Inkarnation erfahren soll: „Ich werde über sie einen einzigen Hirten bestellen, meinen Knecht David[65]; der soll sie weiden und ihr

---

[64] „šalom" meint im Hebräischen nicht nur „Nicht-Krieg", sondern hält sein Etymon (Fülle, Vollendetheit) auch semasiologisch durch, meint also immer das innere und äußere Wohl, also „Heil" im umfänglichsten Sinne des Wortes.
[65] Die Vorstellung vom „David redivivus" zielt nicht auf die Person, sondern auf die Funktion des großen Königs.

Hirt sein" (34, 23). Mit ihm kehrt wie in Jes 11, 6ff der Paradiesesfriede ein (34, 24ff). In der Wiederaufnahme dieser Zusage in Ez 37, 22ff, wo übrigens der Friedensbringer ausnahmsweise den Titel „König" trägt, wird als Charakteristikum seiner segensreichen Herrschaft dies genannt: „Sie werden in meinen Ordnungen wandeln und getreulich meine Satzungen erfüllen" (37, 24); damit ist auf die „Bundescharta" hingewiesen, deren Realisierung im Gottesvolk die Hauptaufgabe des Königs ist. Die Reihe der prophetischen messianischen Königstexte schließt Sach 9, 9f (nachexilisch!) ab. Hier rückt der den Menschen zugeneigte und ihnen auch durch Herkunft verbundene „Friedenskönig" in den Vordergrund, der dem Kriegspferd entsagt und darum auf einem Esel, dem „Friedenstier", in die heilige Stadt einzieht. Er gehört zu den „anawim", d.h. jenen Jahwegetreuen, die als Arme und Demütige im Lande wohnen.

Die Messiaserwartung Israels spiegelt sich auch im Psalter. Sicher gab es in vorexilischer Zeit die Gattung des „Königspsalms" (meist Inthronisationslieder). Im Lichte der Nathanweissagung und der prophetischen Messiastexte lag dabei um den neu inthronisierten König gleichsam eine messianische Aura [66]. Aber aus den uns erhaltenen „Königspsalmen" können aus sprachlichen und inhaltlichen Gründen Ps 2; 45; 72 und 110 höchstens als „relectures" vorexilischer Stücke gelten, wenn sie nicht überhaupt nur nachexilische Realisationen der vorexilischen Gattung „Königspsalm" sind. In jedem Fall waren sie für die nachexilische Gemeinde, die sie ja jahrhundertelang in einer königlosen Zeit gesungen und gebetet hat, eine vorausfeiernde Vergegenwärtigung des „kommenden David" (Ps 2 und 110) bzw. des „neuen Salomo" (Ps 45 und 72). Nach Ps 2 ist der Messias – in V. 2 mašiah genannt – als „Sohn Gottes" (= Adoptivsohn!) und König auf Zion zugleich Eigner und Herrscher der Völkerwelt (V. 8). Nach Ps 110 soll er die seit langem streng getrennten Ämter des Königs

---

[66] Aus diesem Grund neigt die neuere Exegese dazu, alle Königstexte als „messianisch" (im weiteren Sinne) anzusehen.

und Priesters – er erhält direkt den Priestertitel! – wieder in seiner Person vereinen. Durch direkte Einsetzung von seiten Jahwes ist er von Anfang an und für immer in die göttliche Lebens- und Heilssphäre hineingestellt und soll sie auf Erden vergegenwärtigen. Ps 45 läßt den messianischen König insofern Jahwes Stelle vertreten, als er hier als Gemahl des endzeitlichen Gottesvolkes vorgestellt wird. Am meisten mit den einschlägigen Prophetentexten verwandt ist Ps 72. „Friede" und „Gerechtigkeit" sind hier die Kennzeichen des Königswaltens, das sich über alle Könige und alle Völker erstreckt (V. 8-11). Er setzt gleichsam die Zuwendung Jahwes zu Welt und Mensch erfahrbar gegenwärtig: „Denn er errettet den Armen, der um Hilfe schreit, den Gebeugten, der keinen Helfer hat. Des Geringen und Armen erbarmt er sich und bringt dem Leben der Armen Heil. Aus Druck und Gewalt erlöst er sie. Denn kostbar ist in seinen Augen ihr Blut" (V. 12-14).

Ob die „Jahweknechtlieder" bei Deutero-Jesaja (Jes 42, 1-4; 49, 1-6; 50, 4-9; 52, 13 - 53, 12)[67] zu den messianischen Texten des AT zu rechnen sind, gilt in der Forschung als noch ungeklärt. Königliche Züge sind an dem „Jahwe-Knecht" dieser Lieder nur undeutlich festzustellen – immerhin gehört 42, 1ff zur Gattung der Königsdesignation (Westermann), und 53, 2 erinnert an das „Reis" und den „Schoß" als Isais Wurzelstumpf (Jes 11, 1) und an den „Sproß" von Jer 23, 5f; 33, 15 –, die Rollen des Propheten und Weisheitslehrers treten um vieles stärker hervor. Jedenfalls stellt er die einzigartigste Heilsgestalt des Alten Testamentes dar. Insofern kann man ebenfalls von messianischen Zügen an ihm sprechen, als sich in ihm alle bekannten Mittlerfunktionen der Offenbarungsgeschichte exemplarisch verdichten. In ihm verwirklicht sich zugleich in hervorragender Weise der ideale „Bundespartner", wie ihn Mich 6, 8 zeichnet. Er „bringt den Völkern das Gottesrecht" (42, 1). Gerade dadurch wird er zum „Licht der Heidenvölker" (42, 6; 49, 6). Er geht in seiner Zuwendung zu den

[67] Sie sind an den jetzigen Stellen in den Text eingeschoben, können aber dennoch vom älteren Deutero-Jesaja stammen. Beim 4. Lied ist die Verfasserschaft allerdings sehr umstritten.

Menschen und in seinem Brudersinn so weit, „daß er sein Leben (sc. für sie, vgl. 53, 5 [68]) in den Tod dahingibt . . . und die Sünden der Vielen trägt" (53, 12). Ebendeshalb wird er von Jahwe dem Todesbereich entrissen und auf die höchste Höhe des Lebens gestellt, indem er zum Haupt „der Vielen" bestellt wird.

Gerade an den messianischen Texten des Alten Testamentes wird noch einmal aufs eindrücklichste offenbar, wie in der von ihnen anskizzierten Heilbringergestalt Jahwe selbst als das „Heil" aufscheint und damit als der Gott, der sein Gott-sein zur Fülle der Welt und des Menschen bestimmt hat.

[68] Dieses „für" wird durch fünfmaligen Gebrauch in diesem Text besonders unterstrichen.

C. Schlußteil

Ein bibeltheologischer Durchblick durch das AT, wie er hier versucht wurde, muß notwendigerweise ein Torso bleiben. Die Sachkundigen werden diesen Punkt oder jenes Thema vermissen, und die „Amateurleser" des umfänglichen heiligen Buches mögen auf manche der ihnen sich aufdrängenden Fragen keine lösende Antwort finden. Doch muß andererseits ein „Durchblick" auch übersichtlich sein; ein „Mehr" kann dabei leicht ein „Weniger" zur Folge haben. Dies gilt nicht nur für die inhaltliche Quantität der behandelten Stoffe, sondern auch für die Art ihrer Bearbeitung und Darbietung. Darum unterlag die Auseinandersetzung mit andern exegetischen Standpunkten im Rahmen dieser Darstellung von vornherein dem Gesetz der Beschränkung auf das Notwendigste. Wenn bei manchen Abschnitten die Anmerkungen und Verweise dünn gesät sind, heißt das nicht, daß keine Tuchfühlung oder keine Konfrontation mit andern Thesen und Meinungen dahintersteht. Wer schließlich den Durchblick durch das Ganze durch Einblicke in Details ergänzen möchte, findet im angefügten knappen Verzeichnis je einschlägiger Literatur einen ersten Wegweiser für seine löbliche Absicht.

I. Eine zusammenfassende Übersicht

Die Jahwe-Offenbarung geschieht als geschichtlicher Prozeß nicht in einen Leer-Raum hinein, sondern ist von Anfang an immer auch eine Auseinandersetzung mit den Religionen der Umwelt. Diese werden nicht schlechthin in Bausch und Bogen verneint und mit einem absoluten Minuszeichen versehen. Die Offenbarung setzt vielmehr einen Prozeß in Gang, der zwar im Zentrum als Dissimilation erscheint, in den anliegenden Ringzonen aber auch als assimilativer Vorgang auftreten kann.

Was die atl. Offenbarungsbotschaft wesenhaft von den Mythen der Umweltreligionen unterscheidet, ist die Verkündigung eines alleinzigen Gottes, der als solcher weltübersteigend, ja in seinem Sein und Wesen schlechthin unwelthaft ist. Diese Transzendenz erfährt ihre Erläuterung nach den verschiedensten Hinsichten: Jahwe ist überregional, übervölkisch, überkosmisch, überzeitlich, übergeschlechtlich, er ist der „ganz Andere", und damit zugleich der „Heilige". Als solcher ist er nicht nur der in seinem Selbst Weltentzogene und Unverfügbare, sondern auch – das ergibt sich aus der Konvergenz der Linien seines „Über-Seins" und „Anders-Seins" – der von menschlicher Vorstellungskraft nicht Umfangbare und vom Wurf vieler Denkbemühungen letztlich Ungetroffene.

Dieser noch alles denkbare Gottsein transzendierende Gott ist dennoch nicht *das* extensiv und intensiv Unendliche, nicht einmal *das* grenzenlose Geheimnis im neutrischen Sinne eines zwar verborgenen, aber allumfassenden, alles wirkenden und gewährenden „ES", sondern er ist „ER" und „ICH", das „SELBST" in Person und darum der „FREIE" schlechthin, und dies in unbegrenzter eigener Lebensfülle und absoluter Unangewiesenheit.

Als dieser Gott der personhaften und zugleich unermeßlichen Spontaneität, Selbstoffenheit und Selbstverfügbarkeit hat er sich in Freiheit zum Gott für Welt und Mensch gemacht und diese seine Selbstverfassung als das Wesentliche seines „Wesens" geoffenbart. Diese offenbarende Selbsterschließung Gottes als „Jahwe" geschieht in vielerlei Zeugnissen und auf vielartige Weise. In ihnen und durch sie hindurch werden wir gewahr, daß der göttlichen „Urtat" der Entscheidung und Zuwendung zu Welt und Mensch Schöpfung und Geschichte entspringen und beide auf Jahwe als ihre alles erfüllende Zukunft hingewendet sind.

Dieses aus göttlicher Freiheit und keinerlei Notwendigkeit gestiftete „Zusammen" von Gott und Welt, Gott und Menschheit leuchtet bereits in der „Biblischen Urgeschichte" (Gn 1–11) als fundamentale Erscheinung auf, gewinnt eine neue Dimension in der Erzvätergeschichte (Gn 12–50) und erreicht in der Mosegeschichte – vorab in Ex 19–24 – seine erste exemplarische Ausgestaltung, die im Deuteronomium theologisch reflektiert wird und aus prophetischen Impulsen ihr Hochrelief erhält. Das Zeugnis der Propheten selbst sowohl über die ihre Verkündigung fundierende Selbstvorstellung Jahwes als des „Gottes der entschiedenen Zuwendung" (Jahwe als Befreiergott, als Vater, als Hirt, als König, als Gemahl) wie über seine Wegweisung („Ja" zu Jahwe zugleich als „Ja" zum „Gottesrecht" der „Menschenrechte") bringt in unvergänglicher Weise Licht und Farbe in die Selbsterschließung Gottes. In je eigener Art tragen auch die Priesterlehre und die Weisheitslehre das Ihrige bei, um die Grundbotschaft des Alten Testamentes zu bestätigen und zugleich perspektivisch zu variieren. Schließlich kommt – in zwar vielfältiger Gestalt, aber in doch eindrucksamer Konvergenz – die Endgültigkeit der Entschiedenheit Jahwes zur Welt und zur Menschheit zu einem den Glauben als Vorblick bestätigenden Zeugnis in den Haupttexten zur Heils- und Heilbringererwartung Israels.

Wer in der stark bildhaften und bildkräftigen Welt des Alten Testamentes den Weg durch ihre Mitte wandert, dem drängt sich ein Gleichnis auf: die entschiedene Zuwendung Gottes zu allem Außergöttlichen mit dem Ziel des „Gott alles in allem" (1 Kor 15, 28) erscheint ihm wie ein riesiger Lichtbogen, der aus der Nacht der Unbegreiflichkeit Gottes aufgeht, Schöpfung und Geschichte schafft und deren Horizont bereits ins Licht taucht, indes wir selbst noch in der Nacht wandern, aber nicht in einer Nacht ohne Sterne und die durch sie ermöglichte Orientierung und Hoffnung. Die Botschaft des Alten Testamentes, die im Kern bereits die des Neuen Testamentes verbergend und entbergend enthält, ermöglicht uns ein Eintreten in das Hören Abrahams: „Schau nach dem Himmel und zähle die Sterne, wenn du es kannst! So groß wird dein Same sein" (Gn 15, 5).

II. Das Alte Testament
und seine Impulse für unsere Epoche

Unsere skizzenhafte Darlegung der Grundbotschaft des Alten Testamentes hat die Linien, die direkt zur neubundlichen Verkündigung führen, nur sparsam ausgezogen, nicht zuletzt aus dem Grunde, daß gerade im christlichen Raum die Botschaft des AT – soweit wie möglich – unverkürzt als solche und eigene vernehmbar werde. Wer sie hört, wird die des Neuen Testamentes auf eine neue Weise hören und verstehen. Darüber hinaus wird er der besonderen Impulse gewahr, welche davon gerade in unserer Zeit der Krise der Kirche und des Christentums auszugehen und sich als fruchtbar zu erweisen vermögen.

Die Krisis, in welche die altbundliche Gottesoffenbarung die „Gottesbilder" der Religionen der Völker gestellt hat mit der Verkündigung: „Gott ist der ganz Andere!" sollte für allen Offenbarungsglauben gewissermaßen eine permanente sein, welche immer von neuem die übliche Verfestigung bestimmter Vorstellungsbilder von Gott – in ihnen spiegeln sich die zugehörigen Epochen und Zustände – auflöst und übersteigt. Eines jedoch darf im Raum der Treue zur biblischen Offenbarung nie entschwinden: das SELBST Gottes als ER und ICH und DU. Bei allem Aufbrechen, ja Zerbrechen der mythischen Gottesbilder hat das AT ein für allemal die recht verstandene Personalität Gottes mit geradezu göttlichem Gewicht und mit nie erlahmender Nachdrücklichkeit bezeugt und verkündet. Hier hat jede „Gott-ist-tot"-Theologie, sofern sie überhaupt noch auf die Bibel zu rekurrieren versucht, ihre unübersteigbare Grenze, die geradezu eine granitene Mauer ist.

Die radikale Ortung des Glaubens in dieser göttlichen Personalität ist ein anderes Beispiel eines bleibenden alttestamentlichen Offenbarungsimpulses, der für Pulsschlag und Leben des Gottesvolkes entscheidend und gerade für unsere Epoche des vielbeklagten „Glaubensschwundes" wahrhaft zukunftsträchtig ist. Die einseitige Fixierung des Glaubensbegriffes auf die „fides quae", also auf ein Verzeichnis theoretischer Glaubenswahrheiten, läßt sich unter dem Offenbarungswort weder des Alten noch des Neuen Testamentes halten, wird aber vom Alten Testament noch instruktiver in den Bereich der Unzulänglichkeit gestellt. Glauben ist zuerst und zutiefst ein Akt von Person zu Person (fides qua!), der in seiner Grundgestalt so formuliert werden kann: Ich glaube dir, dem lebendigen Gott, dein „Jahwe-sein" und baue darauf mein Leben. Das Grundthema vom „Jahwe-sein" Gottes wird auch im AT entfaltet, aber diese Entfaltungen bleiben Variationen dieses Themas und beziehen sich als solche zumeist auf die „Tatzeugnisse" der göttlichen Zuwendung und Entschiedenheit für Welt und Mensch (vgl. die „geschichtlichen" Glaubensbekenntnisse in Dt 6, 21–25; 26, 5–10). Dabei ist dieser Glaube in seiner Mittelachse auf die Zukunft hin geortet, weil in seiner Perspektive alle „Taten" und „Worte" Jahwes „Voraustaten" und „Vorworte" der Zukunft, die letztlich Jahwe selbst ist (vgl. Hos 2, 21 ff u. a.), sind. Die Einmauerung des dieser Zukunft entgegenwandernden Gottesvolkes in eine „Heilsanstalt der Seelen", die geistesgeschichtlich, ja menschheitsgeschichtlich so verhängnisvoll war, weil sie einseitig das Bild der Arche im „Schifflein Petri" beschwor und den übrigen Raum des Menschen säkularisierten Zukunftsvisionen und ihrem ideologischen Sog überließ, hätte gerade vom altbundlichen Offenbarungsentwurf her von vornherein verhindert werden können.

An der Krise der Christenheit von heute ist nicht allein der Teufel oder der böse Zeitgeist oder die Ungunst der Gesamtentwicklung schuld. Wie die Verantwortlichen für das Gottesvolk Israel von den Propheten immer wieder zur Selbstkritik gezwungen wurden, hätte dieses prophetische Erbe des Alten Testamentes sich ähnlich auswirken müssen, wenn man sich nicht nur zu einem privaten „mea culpa", sondern zu einem repräsentativen „nostra culpa" – ohne Angst vor Autoritätsverlust – in allen Kirchen hätte durchringen können. Israel jedenfalls hat dies in seinen kollektiven Bußliedern getan.

Wo vorab liegt diese „culpa collectiva" aus der Sicht der alttestamentlichen Offenbarung? 1. Das Urprinzip „Jahwe allein!" blieb oft nur „dogmatische Wahrheit". Man baute in nicht immer erleuchtetem „Gottes-Eifer" viele irdisch-menschliche Abstützungen und baute zugleich darauf. Das aber bedeutet Vernachlässigung der „fides qua", die durch eine Voranstellung der „fides quae" niemals aufzuwiegen ist. 2. Man vertrat nach innen und außen weder durch Worte noch durch Taten genügend die Menschenrechte als ein zentrales Anliegen Gottes selbst und damit als mitentscheidenden Grund für seine Selbstoffenbarung, welche die Menschenrechte bereits im AT zum „Gottesrecht" erhoben hat.

Leider ist im Streit um die authentische „Offenbarungsreligion", der quer durch die Kirchen geht und in der von der allgemeinen Emanzipationsidee gekennzeichneten Epoche von heute zu einer fatalen, ja – wäre nicht Gott selbst der Garant der fortdauernden Existenz des Gottesvolkes – letalen Polarisierung von „Vertikalisten" und „Horizontalisten" zu führen droht, auf beiden Seiten eine Häresie mit im Spiele und die Hörsamkeit auf die biblische Offenbarung – Gehorsam ist ja immer zunächst Hörsamkeit der Verantwortlichen im Gottesvolk (und das gerade nach dem AT!) – im Ertauben. Bereits nach dem AT sind „Vertikale" und „Horizontale" – in der Form eines Kreuzes! – voneinander unlösbare Koordinaten für die Existenz des Menschen vor Gott und mit Gott. Darum ist die Degradierung Gottes zu einer Chiffre für die Mitmenschlichkeit eine fundamentale Häresie. Aber ebenso ist Häresie die Interpretation der Offenbarung als einer analog zu der Religionsgeschichte aufgefaßten „Vertikalen". Damit wird aus der biblischen Botschaft ein Herzstück, das realiter im „Herzen Gottes" gründet, willkürlich – die sogenannte „gute Absicht" hebt diese Qualifikation nicht auf – herausgebrochen. Die wuchtigste Botschaft des AT, vorab der Propheten, ist, daß Gott als „Jahwe" in der Mitmenschlichkeit bezeugt wird, ja daß in ihr seine Zuwendung (als seine eigene Wesensverfaßtheit!) glaubhaft in der Welt zur Gegenwärtigsetzung kommt und damit erfahrbar wird. In der eindringlichen Aufnahme der hoseanischen

Gottesweisung (Hos 6, 6): „Barmherzigkeit, nicht Opfer" in Mt 9, 13; 12, 7 und erst recht in der Rede vom Endgericht (Mt 25, 31 ff) ist der Kirche ein zentrales Vermächtnis der altbundlichen Gottesoffenbarung ins Gedächtnis geschrieben worden. Diese Schrift hätte nie übertüncht oder übermalt werden sollen von Anpassungen an menschliche Entwürfe von Religion. Die Gottesweisung des Mose und der Propheten, am lapidarsten in Mich 6, 8 formuliert („Nichts anderes als Gerechtigkeit üben, den Brudersinn lieben und in Dienmut wandern mit deinem Gott!"), erlaubt gerade dem „frommen" Glauben keine Umakzentuierung. Denn Gott selbst hat dieses einzig gültige Bild vom menschlichen „Bundespartner" im Leben, Lehren und Sterben Jesu geradezu inkarnatorisch werden lassen. Jahwe und Jesus – Jeschua als „Jahwe ist Heil" bedeutet die Kulmination aller Jahweoffenbarung – werden am glaubwürdigsten der Welt offenbar, wo der Glaube an sie (als „ihnen glauben"!) leibhaftige Zuwendung zu Welt und Mensch wird (vgl. Gal 5, 6; 1 Jo 4, 11–13).

Ergänzende Literatur in Auswahl

A. Zur Einführung in das Alte Testament:

A. Deissler, Das Alte Testament und die neuere katholische Exegese (Freiburg ⁵1968).

G. Fohrer, Das Alte Testament: Einführung in Bibelkunde und Literatur des Alten Testaments und in Geschichte und Religion Israels (Gütersloh, Teil 1 ³1980; Teil 2/3 ³1980).

C. Goldmann, Ursprungssituationen Biblischen Glaubens (Göttingen ²1976).

H. Groß, Kernfragen des Alten Testaments (Regensburg 1977).

A. H. J. Gunneweg, Vom Verstehen des Alten Testaments (Göttingen 1977).

O. Kaiser, Einleitung in das Alte Testament (Gütersloh ³1975).

A. Robert / A. Feuillet, Einleitung in die Heilige Schrift, Bd. 1 (Wien ²1966).

W. H. Schmidt, Einführung in das Alte Testament (Berlin 1979).

R. Smend, Die Entstehung des Alten Testaments (Stuttgart etc. 1978).

F. Stolz, Das Alte Testament (Gütersloh 1974).

O. Weber, Bibelkunde des Alten Testaments (Bielefeld ¹¹1977).

C. Westermann / G. Gloege, Tausend Jahre und ein Tag (Stuttgart 1977).

E. Zenger, Der Gott der Bibel (Stuttgart 1979).

H. W. Wolff, Das Alte Testament. Eine Einführung in seine Schriften und die Methoden ihrer Erforschung (Stuttgart 1970).

B. Zur Grundbotschaft des Alten Testamentes:

I. Werke über die Theologie des Alten Testamentes:

W. Eichrodt, Theologie des Alten Testaments (Göttingen, Bd. 1 ⁸1968; Bd. 2/3 ⁷1974).

G. Fohrer, Theologische Grundstrukturen des Alten Testaments (Berlin 1972).

K. Haacker (Hrsg.), Biblische Theologie heute (Neukirchen 1977).

G. v. Rad, Theologie des Alten Testaments (München, Bd. 1 ⁷1978; Bd. 2 ⁶1975).

C. Westermann, Theologie des Alten Testaments in Grundzügen (Göttingen 1978).

W. Zimmerli, Grundriß der alttestamentlichen Theologie (Stuttgart ³1978).

J. Zink, Licht über den Wassern (Stuttgart 1978).

II. Publikationen zu bibeltheologischen Hauptthemen:

J. Becker, Messiaserwartung im Alten Testament (SBS 83) (Stuttgart 1977).

Ders., Wege der Psalmenexegese (SBS 78) (Stuttgart 1975).

W. Beyerlin, Herkunft und Geschichte der ältesten Sinaitraditionen (Tübingen 1961).

H. J. Böcker, Recht und Gesetz im Alten Testament und im Alten Orient (Neukirchen 1976).

M. Buber, Der Glaube der Propheten (Zürich 1950).

A. *Deissler*, „Ich werde mit dir sein" (betr. Pentateuch) (Freiburg ²1971).

Ders., „Ich bin dein Gott, der dich befreit hat" (betr. Dekalog) (Freiburg ⁴1980).

Ders., Gottes Selbstoffenbarung im Alten Testament. In: Mysterium Salutis, Bd. 2 (Einsiedeln 1967) 226–271.

Ders., „An mir findest du reiche Frucht" (Hosea) (Freiburg 1977).

Ders., Der Gottesglaube Israels: Produkt eines „Sondervolkes" oder verbindliche Offenbarung? (IBK) (Freiburg 1979).

W. *Dietrich*, Prophetie und Geschichte (FRLANT 108) (Göttingen 1972).

G. *Fohrer*, Die Propheten des Alten Testaments. 7 Bde. (Gütersloh 1974–77).

Ders., Die Struktur der alttestamentlichen Eschatologie (BZAW 99) (Berlin 1967) 32–58.

H. *Groß*, Die Entwicklung der alttestamentlichen Heilshoffnung. In: Trierer Theolog. Zeitschrift (1961) 15–28.

R. *Kilian*, Die vorpriesterlichen Abrahamsüberlieferungen (Bonn 1966).

K. *Koch*, Die Propheten. Bd. 1: 1978; Bd. 2: 1980 (Stuttgart).

E. *Kutsch*, Verheißung und Gesetz. Untersuchungen zum sogenannten „Bund" im Alten Testament (BZAW 113) (Berlin 1973).

N. *Lohfink*, Die Religion der Patriarchen und die Konsequenzen für eine Theologie der nichtchristlichen Religionen. In: Bibelauslegung im Wandel (Frankfurt a. M. 1967) 107–128.

A. *Ohler*, Volk und Land (Stuttgart 1977).

H. *Oyen*, Ethik des Alten Testaments (Gütersloh 1967).

L. *Perlitt*, Bundestheologie im Alten Testament (WMANT 36) (Neukirchen 1969).

H. D. *Preuß*, Jahweglaube und Zukunftserwartung (Stuttgart 1968).

G. v. *Rad*, Weisheit in Israel (Neukirchen 1970).

M. *Rose*, Zum Streit um den alttestamentlichen Gottesnamen (Zürich 1978).

J. *Scharbert*, Die Propheten Israels bis 700 v. Chr. (Bd. 1) und um 600 v. Chr. (Bd. 2) (Köln 1965 u. 1967).

W. H. *Schmidt*, Die Schöpfungsgeschichte der Priesterschrift (Neukirchen 1964).

J. *Schreiner*, Die Zehn Gebote im Leben des Gottesvolkes (München 1966)

Ders. (Hrsg.), Wort und Botschaft des Alten Testaments (Würzburg ²1970).

F. J. *Stendebach*, Der Mensch, wie ihn Israel vor 2000 Jahren sah (Stuttgart 1972).

C. *Westermann*, Die Verheißungen an die Väter (Göttingen 1976).

H. W. *Wolff*, Anthropologie des Alten Testaments (München ³1976).

E. *Zenger*, Das Buch Exodus (Düsseldorf 1977).

W. *Zimmerli*, Die Weltlichkeit des Alten Testaments (Göttingen 1971).

III. Werke zur geschichtlichen Entwicklung der Jahwereligion und des Jahwevolkes:

W. *Beyerlin*, Religionsgeschichtliches Textbuch zum Alten Testament (Göttingen 1978).

G. *Fohrer*, Geschichte der israelitischen Religion (Berlin 1966).

Ders., Geschichte Israels (Heidelberg 1977).

A. H. J. *Gunneweg*, Geschichte Israels bis Bar Kochba (Stuttgart ³1978).

O. *Keel*, Die Welt der Altorientalischen Bildsymbolik und das Alte Testament (Neukirchen ²1977).

W. *Kornfeld,* Religion und Offenbarung in der Geschichte Israels (Innsbruck 1970).

M. *Metzger,* Grundriß der Geschichte Israels (Neukirchen 1977).

M *Noth,* Geschichte Israels (Göttingen [8]1976).

W. H. *Schmidt,* Alttestamentlicher Glaube in seiner Geschichte (Neukirchen 1975).

IV. Lexika (mit den einschlägigen bibeltheologischen Stichwörtern):

J. B. *Bauer,* Bibeltheologisches Wörterbuch (Graz [3]1967).

Calwer Bibellexikon (Stuttgart [3]1973).

A. *Grabner-Haider* (Hrsg.), Praktisches Bibellexikon (Freiburg [5]1981).

H. *Haag* (Hrsg.), Bibel-Lexikon (Einsiedeln [2]1968).

Ders., Biblisches Wörterbuch, Herder-Bücherei Bd. 394 (Freiburg 1971).

E. *Jenni* – C. *Westermann,* Theologisches Handwörterbuch zum Alten Testament. 2 Bde. (München 1971–76).

M. *Lurker,* Wörterbuch biblischer Bilder u. Symbole (München 1973).

Reclams Bibellexikon (Stuttgart 1978).

Sach-, Wort- und Personenregister

(Die Zahl gibt die Seite an, A. die numerierte Anmerkung)

Alfons Deissler

Ich werde mit dir sein

Meditationen zu den Fünf Büchern Moses

In exegetischen Betrachtungen zu vierzehn Textstellen aus den ersten fünf Büchern der Bibel, die in exemplarischer Weise vom Beistand Gottes zeugen und die zugleich für eine theologische Erschließung besonders ertragreich sind, führt der bekannte Freiburger Alttestamentler dem meditierenden Leser eindringlich vor Augen, daß auch heute noch die alttestamentliche Gottesbotschaft dem Menschen Wegweisung im Glauben sein kann. Vieles an diesem kleinen Band ist exemplarisch: das sorgsame Hinhören auf den Text, das umsichtige Orten der jeweiligen Textsituation und die Kunst, gleichsam tot scheinende Worte zu neuem Leben zu erwecken. Hier wird wissenschaftliche Exegese in beispielhafter Weise zu Zuspruch, Ziel- und Wegweisung für das geistliche Leben jedes Gläubigen.

160 Seiten, Plastikeinband, Bestell-Nr. 14867

Verlag Herder Freiburg · Basel · Wien